你在为谁读书⑥

NI ZAI WEI SHUI DUSHU

青少年沟通力养成

余闲 著

长江出版传媒 | 长江少年儿童出版社

你在为谁读书 6

青少年沟通力养成（全新升级版）

余闲　著

图书在版编目（CIP）数据

青少年沟通力养成：全新升级版 / 余闲著．— 武汉：长江少年儿童出版社，2021.7
（你在为谁读书；6）
ISBN 978-7-5721-0558-6

Ⅰ．①青… Ⅱ．①余… Ⅲ．①心理交往—青少年读物 Ⅳ．① C912.11-49

中国版本图书馆 CIP 数据核字（2020）第 101866 号

出 品 人：何　龙
总 策 划：姚　磊
项目策划：胡同印
责任编辑：梅　倩
美术编辑：彭　哲　曹　珍
排版制作：方　莹
封面绘画：张　蕾
责任校对：邓晓素
责任督印：邱　刚

出版发行：长江少年儿童出版社（集团）有限公司
社　　址：武汉市雄楚大街 268 号出版文化城爱立方大楼　　邮政编码：430070
业务电话：（027）87679174　（027）87679786　　电子邮箱：cjcpg_cp@163.com
网　　址：http://www.cjcpg.com

承 印 厂：湖北新华印务有限公司　　经销：新华书店湖北发行所

开本：680 毫米 × 980 毫米　1/16　　印张：14
版次：2021 年 7 月第 1 版　　印次：2021 年 7 月第 1 次印刷
字数：207 千字

书号：ISBN 978-7-5721-0558-6　　定价：28.00 元

翻开本书，洞察人性的奥秘！合上本书，掌握沟通的技巧！

内容提要

本书是《你在为谁读书》系列的第六部，承接了前五部的故事情节。

主人公杨略等人经过高考，终于踏入大学校门，开始了崭新的生活。他们在学习、恋爱、社团活动、支教、勤工俭学的同时，却遇到了许多沟通方面的问题：同学之间矛盾重重，不知如何与陌生人交流，不知怎样处理人际冲突，对当众讲话十分发憷，对未来踏入社会心存惶恐……于是，杨略的父亲继续写信予以指导：

◎沟通的六种障碍

◎同理心是沟通的基础

◎有效沟通的技巧

◎人际冲突的解决

◎如何与陌生人交流

◎当众讲话的技巧

◎爱情的艺术

◎个人品牌是最高效的沟通方式

◎倾听的力量

通过这些信，杨略等人逐渐懂得了沟通之道：沟通的基础是爱，要提升沟通能力，其关键是锻炼同理心，让内心充满尊重和爱，宽容地对待整个世界。如果达到了这种境界，再加上一些沟通的技巧，就能化解各种矛盾和冲突，达到心灵的和谐、人际的和谐，同时也能增强就业竞争力。

《你在为谁读书》系列

精彩回放

《你在为谁读书 1·一位 CEO 给青少年的礼物》

杨略是个八年级的学生，却没有感觉到升学的压力，一如既往地浑浑噩噩，成绩不尽如人意，时好时坏，与他的认真程度成正比，是个典型的脑子聪明而不愿用功的孩子。

暑假里的一天，他收到一封神秘来信，署名“倪甫清”。信中的一段话，让他心头一震：

年轻人，你年方十六，正是初升的太阳，充满着希望。你是要去高远的天空中放射光芒，给人间以无限的温暖；还是仅仅在地平线上悠游，不思进取，浪费时光？

他不由得想，我真的甘心一事无成，了此残生吗？如果真的是这样，我们在世界上生活，到底有什么意义呢？他决定改过自新。同时心里又满是疑惑，这倪甫清到底是谁呢？

神秘的来信每个月初都准时翩然而至，谈理想、谈意志、谈爱心、谈兴趣等，一共十封信，且对杨略的一举一动明察秋毫。这十封神奇的来信，旁征博引，引经据典，有理有据，杨略的内心深为震撼，决定奋发向上。杨略按照信中教给他的方法潜心修炼，最后竟成了品学兼优的好孩子。

在第十一封信中，杨略得知倪甫清就是“你父亲”的谐音。原来爸爸忙于工作，平时父子很少沟通，因此想到了用神秘来信的方法，给儿子以帮助。这令杨略非常感动。

《你在为谁读书 2·青少年人生规划》

进入高中以后，杨略努力学习，成绩进步显著，但不幸遭遇了一场车祸，让他陷入迷茫：既然人生充满意外，又很短暂，那么努力和享乐又有什么区别？此时，他的父亲开始慢慢告诉他人生的意义。从这里开始，众多人物陆续登台。

凌霄、余振、楚当当都有自己的爱好：凌霄爱电脑，余振想经商，楚当当迷画画，但是他们家庭的经济条件都一般。由于得不到家人的支持，他们不知所措，乃至反抗。余振独自去做生意，饱受现实的打击。楚当当辍学想去做自由画手，遭遇画技的瓶颈。凌霄虽自学电脑编程，水平却得不到实质性提高。

还有葛怡，她虽长得漂亮，成绩也好，但无特长、无目标。她羡慕这帮朋友："杨略喜欢写作，猴哥喜欢电脑，大头喜欢经商，虽然现在跌跌撞撞，但至少有个方向。可是我呢？唉，每天努力学习，到底为了什么？"陈高照是名贫困生，偷偷出去打工挣钱，不幸受伤，加上对专业选择不明确，更觉百无聊赖。富家子弟陶坷坷一出场就飞扬跋扈，自命不凡，以杨略为假想情敌，处处与他争高下，寸步不让，倒也积极上进。在全市篮球比赛中，他迫不得已与杨略合作，结果获得了胜利，于是尽释前嫌。他不再与杨略竞争，却失去了人生方向，又变得颓废迷茫。

现状如此严峻，那有没有办法解决呢？书中出现了一个人生导师——杨略的爸爸，对这些迷茫的少年进行指引。他的方法就是人生规划的九堂课，且这九堂课具有严密的逻辑关系：

人生意义在于实现自我价值，自我实现需要人生目标，而人生目标需要设计，包括崇高理想的培养和职业道路的规划，崇高理想需要责任心的培养，职业道路规划需要了解自己、了解社会。有了人生规划以后，还需要坚忍的意志、适合的策略去达成人生目标，实现自我价值，收获人生意义。

通过这些课程，葛怡喜欢上了教育学；陶坷坷根据家庭背景，选择了学习管理；杨略实践了自己的写作梦想，有了成绩，也发现了不足，决定好好进修；凌霄、楚当当、余振经过与家人的沟通，都坚持了自己的梦想；陈高照伤愈返校后，选择了学习生物，因为他对草木虫鱼甚是喜欢，想为生态文明的建设做出贡献。迷茫的少年们得到启示，终于各自确定了人生方向，精神面貌也变得阳光开朗。

《你在为谁读书3·自控力成就杰出青少年》

杨略和同学们经过人生规划，确立了各自的目标，却都遇到了种种新的问题：空有雄心万丈，却常常只有三分钟热度，稍作坚持就偃旗息鼓；作业总要拖到最后一刻，才匆忙做完；不懂时间管理，做事东一榔头，西一棒子，忙忙碌碌，效率却很低下……面对高考的重压，大家陷入了极大的恐慌。好在有杨略的父亲在，杨父及时地提出：要取得好成绩，实现自我价值，必须具备强大的自控力。

那么，自控力怎么培养呢？杨父融合心理学、精神分析、人格与情绪管理、思维与动机分析等原理，凝结成十堂课告诉他，自控力训练要分两步走：

（一）开源。通过锻炼提升自控力，方法有：人生规划、培养使命感、克服拖延、刻意练习、专注热忱。

（二）节流。因为自控力有极限，需要科学的方法加以引导，方法有：目标分解、时间管理、劳逸结合、习惯培养、压力管理。

杨略在深受启发的同时，继续把父亲的秘籍分享给朋友们，大家逐一认真修炼，提升了自控力，不仅取得了成绩的进步，而且养成了受益一生的进取心态和良好习惯。

《你在为谁读书4·青少年抗挫力修炼》

当代青少年面临学业、情感、就业的重重包围：成绩不佳，于是郁闷；缺乏动力，于是空虚；看不清前路，于是迷茫；考试高压，于是焦虑……于是会追问：读书到底为了什么？有先哲说，为了幸福。那么，什么是幸福？如何才能幸福？

杨略的爸爸身患绝症，感悟出收获幸福的关键就是修炼抗挫力，于是开发了一套软件，带着杨略进入神奇的醒客世界，开始了十堂修炼抗挫力的课程。

他们穿梭时空，亲历巨鹿之战、甲午战争，窥探朝代更迭、政治演进，见证地球演化、复活节岛盛衰，洞悉资源危机、生态困境，也游历了未来的城市与乡村。他们纵横千古，与孔子、苏东坡、曾国藩、亚当·斯密、梭罗、凡·高等世界伟人亲密互动，畅谈古今，妙解人生，其金玉良言让杨略受益匪浅。

这次奇幻之旅使杨略懂得，抗挫力源于内心的强大，珍视天赋，发挥潜能，自强自律，永葆进取的动力；抗挫力源于对人与社会的认知，正视竞争，用博爱仁厚传播正能量，用理性的心态面对挑战；抗挫力源于精神境界的提升，敬畏生灵，道法自然，诗意栖居，由此获得富足而宁静的心灵。

杨略深受启发，懂得了幸福的真意、时代的需求，也懂得了如何修炼身心，如何融入社会。

《你在为谁读书5·青少年情绪管理》

一说到读书，我们容易想到悬梁刺股，想到苦其心志饿其体肤，似乎读书是痛苦之事，只有成功之时方可快乐。但心理学研究发现，负面情绪会令我们思维迟钝、目光短浅、人际关系紧张，更不容易成功；而快乐则能令我们心胸开阔、思维敏捷，进而激发成功。

可是在校园里，负面情绪正笼罩着广大青少年。杨略、葛怡、陶坷坷等人在高考的压力下，都出现了焦虑、自卑、浮躁、松懈等情况，干扰了学习，也影响了幸福感。女生祁月长期抑郁，忽有一日，她幻想自己是从高考后穿越而来，拥有所有答案，引起全校震惊。

杨略的父亲结合青少年常见心理问题，认为快乐不只是感觉，而是一种世界观，并提出增强快乐竞争力的七个法则：(1) 锻炼正向思维的乐观大脑；(2) 打造不可替代的优势；(3) 倾心投入学业和事业；(4) 用激情持续获得成就；(5) 追求有意义的人生与学业目标；(6) 经营丰富的社会关系；(7) 用智慧反驳导致抑郁、焦虑的不合理信条。

杨略等人再次受到启发，并且对理论进行了实践，不仅赢得了高考的成功，而且拥有了受益一生的乐观心态和耐挫能力。

CONTENTS 目录

105 / 第五章

有人说:“我一见陌生人，就不知怎么开口。现在要毕业了，面临找工作，免不了和各式各样的人沟通。我该怎么办呢?”也有人说:“我一想到论文答辩、应聘面试，就紧张得睡不好觉。”中国人普遍偏于内向，容易害羞，在社交场合往往露怯，这显然不利于沟通。那么，我们该怎么做呢?

125 / 第六章

人类从来不缺少思想，但怎么当众表达，并且打动人心，既需要勇气，也需要智慧，所以演讲能力非常重要。怎样的演讲才算精彩呢?它应该主题新颖，材料新鲜，能增长听众见闻，与听众密切相关，同时热情洋溢。最重要的还是故事好听，因为演讲本身就是一个有开头、主体、结尾的故事。

吸引力让两人走在一起，一些细枝末节的共同点，让他们倍感兴奋。可是，真正让他们能够相处的，是关键处的共同点——彼此的价值观（比如金钱观、事业观、家庭观）——是否相同，或相似。爱情是双人舞，一个跳探戈，一个跳拉丁，又怎么能合拍呢？谈恋爱时，就要知己知彼。合拍，白头到老；不合拍，另请高明。

“如果有人倾听你，不对你评头论足，不替你担惊受怕，也不想改变你，这多美好啊……每当我得到人们的倾听和理解，我就可以用新的眼光看世界，并继续前进……这真神奇啊！一旦有人倾听，看起来无法解决的问题就有了解决办法，千头万绪的思路也会变得清晰起来。”

第一章

家长对孩子充满了关爱，老师对学生充满了期待，同学之间彼此友善，恋人之间相互扶持。可为什么他们的爱无法被感知，反而因为攻击性语言让对方受伤呢？反过来，我们对父母、对老师、对朋友，又何尝没有使用过攻击性语言？是什么遮蔽了我们的爱？这不是爱出了问题，而是沟通有了障碍。

周六下午刚过一点，杨略骑着车，驶入樱花盛开的江滨小区，准时去做家教。他已经读了半年大学，为了展示独立生活的能力，除了学费外，生活费基本自理。家教是他经济来源之一，已经坚持了半年多。学生武述正念高二，与他年龄只差两岁，所以他俩已经称兄道弟了。

他一路观赏着樱花，拍了几张照片，这才去坐电梯。他刚到 811 房间门口，就听见房内一声怒吼，透过厚厚的防盗门，依然惊心动魄。

“你干什么？！”

这是武述的声音。继而是一声闷响，伴随着瓷器落地碎裂的声音，以及一个女人惊恐的尖叫。

杨略心里一惊，赶紧按响了门铃。过了大约一分钟，门才打开。站在门口的是武述，接近一米八的个子，几乎把门框都占满了，可脸上依然是孩子的稚嫩圆润。他一脸凝重，见了杨略，也没有出声。

“刚才为什么喊……”

还没问完，杨略的眼光就落在武述的右手上。那儿正渗出鲜血，一滴滴地落在地板上。他赶紧把武述的手抓住了。

“手怎么了？”

“没事……”

“这是怎么回事？”杨略看到伤口上嵌着许多玻璃碴。

武述还没回答，客厅里响起了一个尖厉的声音：“你看看自己丢不丢人？！”

这是武述妈妈的声音，话音未落，她已从卧室里冲出来，提着一个小药箱，头发凌乱地披着。

武述两腮上的青筋抽动了一下，别过脸去，整个人肌肉绷紧，像是钉在了门口，却将两个拳头捏得紧紧的。

杨略催促道：“武述，快，去把手处理一下。”

武述妈妈单腿跪下，打开小药箱，要去抓武述的手。可武述挣脱了。

“我自己来。”

“我给你包扎。”

“放手！我自己来！”

“你……”

武述一把扯过小药箱，坦克一般冲到沙发前，从小药箱里拿出一个镊子，把玻璃碴都拔干净，用生理盐水冲洗伤口，再用碘酒消毒，最后缠上纱布。他从小喜欢运动，免不了受伤，所以处理伤口十分熟练。

趁着这时间，杨略四处一看，发现茶几上一片狼藉，面上的大玻璃遭过重击，白生生的裂痕往外延伸，像一道道闪电。地板上躺着一只白瓷杯，摔得粉碎，茶叶泼出来，茶水直淌到沙发底下。电视机里正在进行一个游戏，一个肌肉饱绽的西欧人身穿皮甲，不时挥动一下短剑，恢宏的音乐不断重复。

武述妈妈惊魂甫定，就和杨略说起刚才的事儿。

好不容易逮了个周末，武述起得比平时都早，而且精神焕发，完全没有平时上学前的磨蹭和疲倦，睡衣不换，手脸不洗，就立刻蹿到客厅，打开自己心爱的游戏机，连上宽屏电视机，手持游戏手柄，往沙发上一坐，脖子往前伸，开始玩新出的《怪物猎人》。

妈妈做好早饭，催了几遍，他才去吃，可一放下饭碗，又卷入游戏。他爸爸经营一家保健品公司，周末要送货，所以早早地就出去了，临行前扔下一句：“要好好写作业，别整天玩游戏。”

这句话轻如鸿毛，说者无意，听者无心。武述随口答应着，然而整个上午，妈妈洗好碗，他还在玩，妈妈买回了菜，他还在玩。匆匆吃过午饭后，武述还无法割舍玩游戏。

妈妈眼看着时间接近一点，心中已经焦虑得有些愤怒了，但还强装着冷静。

“作业什么时候做呢？那么一堆试卷……”

“下午吧。”

“下午有家教啊。”

“那就晚上。”

“晚上不是有吉他课吗？”

“那就明天。”

“明天还要补数学啊。”

“那就……”

武述也焦躁起来，干脆不再答话。妈妈坐立不安了，不由抱怨起来。抱怨什么呢，大约还是繁重的学习任务吧。

唉，现在读书可真累，儿子每天起早贪黑，上了一天课不说，回家作业还有一大堆，周末也闲不住，得四处去补课。十六七岁的翩翩少年，哪有一点潇洒和趣味？可是，她又能怎么办呢，别人都这样，自己的儿子哪能逍遥？逍遥的代价，可就是落后啊。

“可是……”

她忽然又怨恨起儿子来，如果学习效率高一点，空余时间就会多一些。可从小学开始，武述就喜欢拖拉，作业不到最后一刻绝不完成，稍有难题就立即躲闪，这样的习惯哪能应付高强度的学习呢？

妈妈看着五大三粗的儿子，心里感觉好无奈。她曾天真地认为，小学时儿子不肯学，那是因为还小，等长大一些懂事了，就会好好学习了。可谁能想到，儿子越大就越不服管了。

话又说回来，儿子没有好习惯，还不得怪家长？唉，还是有些溺爱了。儿子早产，身子弱，平常关心就更多了些，还给他取了个刚猛的名字——武述！这就类似霍去病、辛弃疾，用名字给儿子一个祝福。而武述也不负众望，从小爱吃能睡。稍大一点，别人家孩子都要威逼利诱，才肯吃一口菜，他却是风卷残云一般喝奶吃肉，然后又风一般去骑车，去玩轮滑，还敢从高高的滑梯上一溜而下。只可惜，他静不下心啊，一味地顽皮任性，所以学习成绩就落后。而在妈妈看来，读不好书，进不了名校，儿子的前途在哪里呢？每当有人说读书没那么要紧，博士生照样给小学生打工，她就会白上一眼：“有本事你儿子别读大学！”

说到底，只有一个孩子，真是输不起啊。

妈妈坐在那儿，觉得自己好失败。就在这种沮丧的情绪中，她苦口婆心地说：“武述，你都高二了，怎么还这么不懂事？不管做什么作业，都要拖啊拖，一直拖到大半夜，第二天又起不来……你说，这样下去，考不上好大学，还能有什么出息……”

武述依然沉醉在游戏里。又或者说，他用游戏作为防空洞，躲避着作业、补课、前途的狂轰滥炸。然而，就在这个防空洞里，妈妈作为亲密战友，却不断从身后捅刀子。他只能生生地忍受着。

“快别玩了，去把作业做好！”

“哦。”然而并不动。

“你有没有听我说话啊？”

“妈，”武述的声音焦躁起来，“今天是星期六，我不就玩一下游戏吗？有什么不可以！？”

“我也没不让你玩啊，但得先做好作业。”

“作业，作业，整天作业！”

“做完作业，就可以玩了呀。”

这句话说得好无力，因为他们都知道，如果去做无穷尽的作业，哪有时间玩呢？妈妈为了增加话语的力度，就加了一句：“大家都这样啊。”

这话一说，武述不再搭腔，只是将游戏手柄握得更用力了，随着游戏人物的奋力砍杀，他的脸上也渐渐浮现出凶狠之状。

而妈妈则想到，就在此刻，全班，不，全校，不，全市，甚至全国的同龄人，都在书桌前奋笔疾书，积极进取，将武述远远抛在后头。她深感恐惧，终于坐不住了，一股热血冲脑。

“武述，把游戏关掉！”

“再等一下。”

怒气终于突破了忍耐的限度，妈妈浑身一阵阵发颤，猛地站起来，直冲过去，一把抢过了游戏手柄。

“你干什么？！”

武述一声怒吼，房间里像炸了一个响雷，继而一拳砸在茶几上。他果然有力气，一拳就把玻璃击得粉碎，玻璃碴嵌进他的手里，连水杯也蹦起来，摔碎在地上。妈妈没有想到儿子居然如此刚烈，顿时惊得尖叫起来。

这时，武述已包扎好伤口，把带血的纸巾往茶几上一扔，既不玩游戏，也不说话，就坐在沙发上，像一座石狮子，不怒而自威。武述妈妈显然对儿子产生了畏惧之心，不敢再教训，就独自收拾起玻璃碎片。

一时之间，家里太安静了，像一个空空的洞穴，流荡着一股冷飕飕的阴风，让三个人都觉得有些恐慌。

“阿姨，我帮你。”杨略站了起来。

“不用不用，你就坐着，和武述好好说说。”

武述妈妈说了这句话，似乎找到了一点寄托，俯下身子用力地擦地，却又用很低微的音调说话。

“武述，你可别再做傻事了。一看你手上的血，我就……唉……现在你杨哥来了，有什么想不通的，学不懂的，可以问问他。他可是浙江大学的高才生，还出过书，你得向他好好学学……”

武述依然无动于衷，可身上的威风正在流失，慢慢成了一堵残颓的土墙。

杨略既觉得武述不做作业自然不对，又认为他妈妈唠唠叨叨也没用。然而，到底该怎么处理呢？他无所适从，于是想到了此行的目的。

“咱们开始学习吧。”

“哦。”

武述站起来，耷拉着脑袋，走进房间去了。杨略跟在身后，顺手关上了门。武述的妈妈擦好了地板，在客厅沙发上默默坐着，似乎还垂了一会儿泪，但她的声音还是透过门缝传了进来。

“杨略，你帮我开导开导，他就听你的。”

杨略顿时感到了肩上的责任。可是怎么开导呢？他并没经验。

“武述，上回布置的作文写好了吗？”

“嗯。”武述在书架上翻了一会儿，找出一个笔记本，翻到最新一页，递给杨略，自己则又垂头坐着。杨略接过来，又指指一旁。

“我看作文，你先把这份试卷做了吧。”

武述无声地答应着，把椅子往前移了移，开始做试卷了。

杨略看着作文，也有些走神。他已经教武述半年了，俩人相处得不错，而且都喜欢篮球，补习之余，还常在小区篮球场上切磋一二。武述管杨略叫“杨哥”，杨略也使出浑身解数，要让武述的语文成绩提高起来。只可惜，武述的作文实在一般。真奇怪，武述读书不少，见识也广，可一落笔，就枯燥乏味，朴讷无文。

杨略指出了作文中的几点不足，要武述修改。但他也知道，作文的问题，并不在写作本身。

“武述，我上次推荐给你的书看了吗？”

“看完了。”

“看了几遍？”

“一遍。”

“那可不够，好书要读多遍，好句更要抄写默记，然后模仿，再用到自己的文章里去……”

武述依然是答应着，但看得出来，他完全是心不在焉。于是杨略知道，学生情绪不佳，老师再花力气，也全无作用了。那就开导开导他吧。

“武述，你要和妈妈好好说话。她也是为你好啊。”

话一说出口，杨略已经觉得苍白无力。谁不知道母爱的伟大，可是，有爱，就没有伤害了吗？

“我没想到你也这么说。”

武述用圆珠笔在试卷上戳着一个个小点。杨略分明感觉到两个人之间升起了一道无形的高墙，自己被推到了武述妈妈那一边。

“可道理就是这么个道理啊。”

“我就不愿别人来管。”

“那你能管好自己吗？”

武述又沉默了。这种沉默，让房间再次变成洞穴。杨略一半是为了武述，一半是为了摆脱这种尴尬，就开始单方面地灌输。他甚至希望，自己的声音透过门缝，让武述妈妈也听见。

他说的，不外乎是要想成绩好，就要自我管理，比如时间管理啊、情绪管理啊……讲了理念，也讲了方法，足足讲了十几分钟，中间还喝了几次水。但武述像是在听，但又像是在走神，除了“嗯”“哦”，并没有直接回应。最后，杨略也觉得无聊，而且不自信起来，就说：“得，你先做题吧。”

过了大约一小时，武述终于把试卷做好，杨略给他做了批改，讲解了一下错题，又布置了一篇作文，两个小时的家教时间就已经到了。

“今天到此为止吧。”

“嗯。”

武述的脸上依然看不出难过，也看不出欢欣。

“我刚才说的话，你再好好想一想。”

杨略的话，既是说给武述听，又是说给武述妈妈听的。不管效果怎样，他总算完成了一项任务，就和武述母子告了别，骑上车，从小区一路驶回了学校。任务是完成了，开导也开导了，可他心中还是有不少的挫败感。

“沟通怎么就那么难呢？明明很相爱，说话却在伤害啊。”

杨略咀嚼着“相爱却伤害”这句话，觉得很有深意。他想到了自己和葛怡，两人相识多年，心心相印，又进了同一所大学，朝夕相处，情投意合，本来应该有着无限的乐趣。可是他慢慢发现，两个人都如此好强，常常因为一点小事，互不相让，闹个几天不愉快。

“在她面前，我想说点什么，都得提心吊胆，琢磨着用什么字眼去说，生怕一句话不小心，就触到雷区，惹出几天的郁闷来，到头来还得心不甘情不愿地去赔礼道歉。唉，她的心眼怎么就那么小呢？”

杨略想到这些，又叹了口气。

浙江大学的校园是极美的，更何况是春天。阳光轰轰烈烈，四处都是明晃晃的，让他有几分眩晕。路边有一个湖泊，波浪荡漾，将太阳揉碎了，抛向四处，将新生的柳荫也映得浮光闪烁。

就在拐弯的时候，杨略的余光扫见一人一车疾驶而来，他来不及反应，侧面就被猛然一撞，连人带车翻倒在地，胳膊肘和膝盖顶在柏油路上。

撞人者是个男生，穿运动服，背着网球拍，并没有摔倒，但也没来搀扶，反倒在检查自己的车轮。杨略看到，那是一辆捷安特变速自行车，值好几千块钱。因为是车轮撞倒了杨略，所以车身毫无损伤。

“这小子，你的车比我的人还值钱啊。”

杨略这样一想，不由怒气冲天，扶着地站起来，走上前去。

“你骑车没带眼睛啊！”

那男生抬起眼来，下巴还留一点小胡子，身材高大健硕。

“谁让你拐弯还骑那么快，找死啊？”

“我拐弯，你就不拐弯吗？你速度慢啊？”

就在这当儿，旁边已有人围观。他们的争吵很快就上升到面子之争，谁也不愿意让步，脑子被怒火点着，而且越烧越旺。那男生一边怒责，一边拿手指点点戳戳。这让杨略十分恼火，他用手掌一挡，将男生的手指拍开。

“怎么着？还要动手啊。”

那男生说着话，就往前跨进一步，右手就来揪杨略的领口。

杨略是篮球场上的得分后卫，身姿自然矫健，往左边一闪，同时就跟条件反射一般，左臂往上一格，右拳已经反击，重重地打在男生的胳膊上。这样一来，两个人无可避免，陷入了斗殴。

校园里随处都是保安，一看学生斗殴，马上就跑过来，将两人拉开，并一同带入保安室，询问了名字及前因后果。几个电话后，双方的辅导员都来领人。杨略的辅导员姓赵，二十四五岁，与杨略平时关系极好，往回走的路上，赵老师说：“杨略，想不到你还会打架。”

“一时没忍住。”

“这我得批评你……情绪要控制啊……”

正往前走着，杨略忽然站住了。因为前方路口出现了一个女孩，穿一件米色线衫，一条牛仔长裙，风姿绰约地站在那儿，脸上则是冰冷的。这正是葛怡。

赵老师也知道他们的关系，就说：“行，你们聊。葛老师，你好好教育一下杨略。”

葛怡就读于教育学院，又极有老师的典雅气质，所以常被人称作“葛老师”，连赵老师也乐意开他们的玩笑。

“谢谢赵老师。”葛怡露齿一笑。

赵老师走后，杨略推着车，和葛怡一起往前走。杨略心中惭愧，自己最差劲的一面，居然被女友看见了，一时又恼又羞，不知说什么好。沉默了许久，还是葛怡先说话了。

“杨略，我是接到你室友的电话才赶过来的。我说，你的脾气这么坏呀？以前怎么没发现呢？”

杨略本想解释一下事情的前因后果，可又觉得，葛怡是知心爱人，自然就该理解他，支持他，现在怎么还怀疑呢？既然怀疑，就说明不知心。既然不知心，那解释了又有什么用？于是，他硬邦邦地顶了回去：“要是以前就发现了，会怎么样呢？”

“就不理你了呗。”

葛怡的语气既认真，又戏谑。但杨略似乎就愿往最坏里想，以一种破罐子破摔的劲头，将一句狠话扔了出来。

“我就这样了，你爱理不理吧！”

葛怡惊讶地转过头来。

“你这是什么态度啊？”

杨略目光直直地看着前方，同时感到胳膊和膝盖十分疼痛。这葛怡，不来关心，反倒劈头盖脸地指责，实在是可恼。这样一想，他越发大步地走起来，故意让膝盖再疼一点。

“我就这态度！”

葛怡跟不上，猛地停住了，气呼呼地喊道：“你今天怎么逮谁咬谁啊？”

杨略也不知道自己是怎么了，但话赶话到了这份儿上，就有点骑虎难下，于是并不回头，反倒跨上自行车，丢下葛怡，飞也似的骑走了。一路上冷风一吹，他已开始后悔，可是碍于面子，又不肯马上回头去认错，就这样径直回到宿舍，心中却越来越苦恼：接下来该怎么办呢？葛怡哪里是好惹的？

这才是今天最大的麻烦啊。

走在楼道里，住对门的楚向南把他叫住了。

“杨略，4点钟咱们文学社要开会，可别忘了。”

楚向南就读于生命科学院，但一直喜爱写作，于是机缘巧合，就被杨略拉进了文学社。因为杨略曾出过书，又发表过诗作，所以楚向南对他几乎有一点崇拜。

“开什么会啊？不去！”杨略打开寝室的门，背包往桌上一扔，浑身冒着不知是热气还是怨气。

楚向南跟在后头，奇怪地看着他。

“你今天是怎么了？”

杨略也觉得自己有些失态，用葛怡的话说，还真是逮谁咬谁呢，于是看了一眼楚向南。

“今天心情不大好。我会去的。”

说到社团，杨略的心里又翻涌起一摊子的麻烦事。

去年9月，杨略一进大学，万事新鲜，凭借自己的才能和热情，先加入了学生会，又进了若干社团，如今是身兼数职：学生会外联部的副部长、黑白话剧社的编剧、校报的记者、文学社的新秀，一天到晚忙不完的事儿。起初感觉不错，混得满校园都是熟人，去食堂吃个饭都得一路打招呼，他也乐在其中。可一个学期下来，就有些穷于应付了。期末考试也给他敲了警钟，有几门课刚刚及格。虽说大学成绩没有高中时要紧，但他还是很失落。于是，对于这些职务，他有些厌倦了。

可是谁让他之前那么积极呢，他现在可没脸去说：“我没时间，不想干了。”所以，他只好咬牙顶着，整天忙得是滴溜乱转，心里暗暗叫苦，但表面上依然是热火朝天。

楚向南走后，杨略躺在床上，打开手机，写了一段微信，发在朋友圈里：

一日三烦恼。家教的学生与妈妈无法沟通，起了争执，我无力调解。骑车与同学相撞，明知双方无错，但碍于脸面，一时控制不住，居然当众动了手，真是斯文扫地。与女友又起矛盾，费心劳神。唉，明明很相爱，出言却在伤害，沟通真是大问题啊。

他是希望葛怡看到这条微信，理解他今天脾气暴躁的原因，进而冰释前嫌。但是，过了一天，葛怡并无动静，给她消息也不回，打她电话也不接。唉，事情又闹大了。看来又得去宿舍楼下截她，并当众赔礼道歉了。杨略心里想着这事，上午文学理论课时，听教授说各种名字和理论，什么罗兰·巴特、萨义德、后殖民主义，忽然觉得好无聊：既然是文学嘛，创作是第一位的，整天玩弄一些术语，拾中外古人之牙慧，弄得跟哲学研究似的，又有什么意思呢？所以等老师让提问的时候，他举手发言：“老师，研究文学理论有什么用呢，又没人看？”

这似乎是在挑战老师的权威，自然引发了反感。

“既然你是天才，就别学理论了，搞你的文学去好了。”

这话没滋没味，杨略也是自讨没趣。而就在他心情郁闷的时候，他爸爸给他写来了一封邮件，主题恰好就是沟通。

第一课　明明相爱，出语却在伤害

杨略：

见字如面。

看了你的微信，对“相爱却相害”真是感同身受。有些人脾气坏，像个炸药桶，一触即爆，对最亲近的人，脾气一来，什么话伤人就说什么，事后追悔莫及，就说自己是刀子嘴豆腐心。其实呢，既然是刀子嘴，就说明他有颗刀子心，尽管未必全然是歹心，但一说话，就既伤人，也伤己。

奥美公司经过对少年犯的调查，发现他们在小时候，往往被老师或家长用攻击性语言伤害过。

“猪脑子！”

“废物！”

“丢人！”

“是人都比你强！”

“怎么不去死！”

……

于是他们自暴自弃，走上犯罪道路。根据这一结果，奥美公司做了一个公益广告，题目就是：“攻击性语言会变成凶器。”并设计了一个游戏，将攻击性语言进行拆分，组成匕首、斧子、手枪。许多家长经过折装，深感震撼，对日常言行进行了反思。

其实，家长对孩子充满了关爱，老师对学生充满了期待，同学之间彼此友善，恋人之间相互扶持。可为什么他们的爱无法被感知，反而因为攻击性语言让对方受伤呢？反过来，我们对父母、对老师、对朋友，又何尝没有使用过攻击性语言？

是什么遮蔽了我们的爱？

这不是爱出了问题，而是沟通有了障碍。

今天我们来剖析一下这个话题，看看沟通有哪些常见的障碍。

一、逃避沟通会让怨恨积压成火药桶

几年前，复旦大学发生了一起轰动全国的投毒杀人案，研究生林森浩投毒害死了室友黄洋。同是前途无量的高才生，他们之间有什么深仇大恨呢？据他们的室友回忆，其实两人并无仇怨，仅是生活琐事上有一些矛盾，没有及时沟通，导致悲剧发生。

林森浩出身贫寒，考取了中山大学医学院，后因成绩优异，被保送复旦大学读研。在研究生阶段，他发表了八篇核心期刊论文，可谓十分优秀。只是性格偏于孤僻，不善交往。林森浩曾这样自我描述："有谁会喜欢我这个人？丑男第一、手无缚鸡之力、木讷、迂腐、时代的落伍者。"他也交过一个女朋友，他要求女孩"一起做实验、上自习，但当他需要一个人安静思考时，女孩不能烦他"，简直是"呼之即来，挥之即去"，结果关系很快告吹。

黄洋则性格活络，为人慷慨，是学生会干部。但他多次以开玩笑的方式，直言评价林森浩的生活细节，诸如喝粥声太响，袜子不常换之类，还假借林森浩的名义，去批评过其他室友的生活习惯。林森浩知道后很是不满，但他并不表达，只是埋藏于心。

又有一回，林森浩拿了两万元国家奖学金。黄洋或许心里有一点嫉妒，在寝室里起哄："森浩，拿了这么大一笔钱，得请大伙好好吃一顿哦。"说起来，这也是寝室里的惯例，但林森浩早想好了这笔钱的用处，所以笑着拒绝。黄洋却不依不饶："森浩，你这也太抠了吧。难怪你交不到女朋友。"

这句话也深深刺伤了林森浩，但他并不言语，又将怨气藏在心里。

毕业前的一段时间，林森浩去一家医院实习，受了领导批评，一直郁郁寡欢，当黄洋再次惹怒他时，他就将毒药混入桶装水，眼看黄洋去喝，也不制止；在黄洋做检查时，他没有告知中毒真相；黄洋住进医院后，他没有站出来；最后黄洋死了，他脑子嘭一下空白了，什么想法都没有了。

在法院里，他这样描述自己："可能性格内向，对为人处世重视不够……而且遇事也有逃避的习惯。"

其实这并非个案，有许多学生在遭到不公，对别人不满时，并不直接说出想法，而是积怨于心，日子一久，就成了一个火药桶，一旦有导火索，就会突然引爆，极具破坏力。老话说"蔫人出豹子"，就是这个意思。

当然，逃避沟通的后果，未必都如此惨烈，但至少会影响感情。再举个例子。

中午，子良打电话："悠悠，我下午去和高中同学唱歌，不陪你自习了。"悠悠说："你怎么说话不算数啊？"子良说："老同学嘛，很久没见。这样吧，我陪你晚自修。"悠悠不高兴了，一个人中饭也不吃。等到晚饭时间，子良又来电话了："悠悠，同学不让走呢。"悠悠的火噌地就上来了："你干脆就别回来了！"子良晚上才回来，对悠悠百般解释，但悠悠并不理会。子良也发怒了。且来看这场吵架。

"你还有完没完啊？"子良忽然嚷了一声。

"你……你还朝我凶！"

"本来嘛，我就是出去和同学聚聚，有什么大不了的？"

"我是恨你说话不算数。"

"我都道歉了，你还想要我怎么样？"

"瞧你这态度，说明你根本就不在乎我。"

"你又来了！什么事都能上升到在乎不在乎。"

子良坐下来，像一座沉默的火山，一团怨气左冲右突，无处发泄。而悠悠在一旁越想越苦，就嘤嘤地哭了起来。

这几乎是恋人吵架的常见形态。闹矛盾时，女孩觉得失望，男生却想："屁大点事，值得吵架？"其实这时女孩不再关注事件本身，而是男生的态度，她们在想："你居然这样对我，说明根本就不爱我了嘛。"所以，女孩一定要让男生道歉，主动来安慰她。但大家在吵架嘛，男生也是有自尊心的，哪肯轻易低头呢？于是转入沉默，以为置之不理，矛盾会自动消失，女孩会自知理亏，并从负面情绪的泥沼中爬上来。但结果呢，女孩非但爬不上来，反而越陷越深，倍感寂寞无助。而男生则觉得女孩情绪难测，脾气太坏。

所以，逃避沟通的结果是，存在的问题不能及时得到解决，并产生焦虑、厌恶。那么，这时候应该主动沟通，开诚布公，才能及时化解矛盾。具体的方法，我们留到后面再讲。

二、过度沟通造成逆反

我们知道沟通不足，容易产生问题。然而，沟通过度也会造成麻烦。

有些父母对着儿子反复唠叨：“我这么起早贪黑，辛辛苦苦，还不都是为了你有个好前途？可你倒好，读书一点不用功，现在还学会逃课了。你真是让我寒心哪！”

儿子会有什么反应呢？一般会有三种情况：

第一种，知耻后勇，洗心革面，努力学习；

第二种，负罪内疚，自轻自贱；

第三种，不堪重负，愤而反抗：“我要你对我这么好了吗？你还不就是为了面子。”

很不幸的是，后两种的人数超过了第一种。许多学生成绩不好，原因并非不懂事，不用功，而是学不会——他们在某些知识点上卡了壳，或者没有良好的学习方法，或者干脆就是态度不好、能力不足。家长不能在具体的学习上对症下药，而是做大量空洞的思想工作，一有空就千叮咛万嘱咐，往往只能把孩子逼向叛逆。

真正的劝诫，往往是言简意赅才最有效。

三、贴标签会招来敌意

什么是沟通时的“贴标签”？我们来看林格伦的《淘气包埃米尔》。

埃米尔是个野性、拧巴的小家伙，满村人都觉得他是个刺头儿，并说他长大了也不会有出息。瞧瞧，这就是“贴标签”了。可林格伦偏偏说，他长大以后，会当社区委员会主席呢。主席是什么官？不太明白，反正挺有出息就是了。

再来看埃米尔家里人是怎么看待他的。

女仆丽娜的评价是：“他整天淘不完的气，那小子，就算不是他自己淘，很多事也跟他有关。我还从来没见过这样淘气的孩子。”

这就是“以偏概全”，因为埃米尔干过几件淘气事儿，就认定他是个淘气鬼。其实呢，埃米尔很善良。他对妹妹和猫都特别喜欢。“但是他不得不拧伊达一下，因为不这样，她就不给他吃抹着果酱的黄油饼。他追小猫也是出于好意，只不过想知道他们能不能跑得一样快。可惜这小猫不理解。”这都是小孩心性，细究起来，还很可爱呢。

再来看看埃米尔的妈妈的评价。

“埃米尔不怎么淘气，”她说，“今天他才拧了伊达一把，把喝咖啡时用的奶油给弄洒了，就干了这么多……哦，追着猫围着鸡舍转也是真的。不过我老觉得他老实多了，也听话多了。”

虽说妈妈有点护犊子，但这恰恰是“就事论事”，只罗列客观的事实，而非主观的评判，就更能让人接受。因为贴标签、以偏概全的评判，往往会引发别人的逆反心理。所以，就事论事，正是沟通的前提。

可惜啊，我们太容易评判人，看到个别行为，就去评判整体人格。

比如，老师让王通去参加演讲比赛，没让你去，你就说：“他偏心眼（贴标签）。”

比如，马林没打水，却总在喝同学的，就评价：“你太自私了（贴标签）。”

比如，爸爸忘记给你买生日礼物，就抱怨：“爸爸，你一点都不在意我（以偏概全）。”

当然，这样的评论其实都不算错。老师没让你去，不该抗议吗？同学不打水，不该批评吗？爸爸忘记礼物，不该抱怨吗？

只是，这样以偏概全、乱贴标签，很可能会招来敌意，把我们推向不利的处境。即便他们接受批评，做出让步，通常也非心甘情愿，并导致关系疏远。

那么，应该怎么沟通呢？

鲁思·贝本梅尔曾写道：“我从未见过懒惰的人；我见过有个人有时在下午睡觉，在雨天不出门，但他不是个懒惰的人。请在说我胡言乱语之前，想一想，他是个懒惰的人，还是他的行为被我们称为‘懒惰’？”

他还说，他从未见过厨师，只看见有人在烹饪；从未见过蠢人，只看到有人做了傻事。他希望我们不把具体事实和主观意见混为一谈。我们也可以由此延伸：我从未见过作家，只见过写作的人；我从未看到购物狂，只看见她在购物；我从未见过自私鬼，只看见他没有参与打扫寝室……如此等等。

那么，这样做有什么好处呢？

我们来比较以下这些话语：

A：“你老是不准时！”（以偏概全）

B：“你这一周有三次迟到了。”（罗列事实）

A：“你就是个大嘴巴！”（贴标签）

B：“你把我的隐私告诉别人，我很生气。”（罗列事实）

A：“你花钱大手大脚。”（以偏概全）

B：“你上周买衣服花了一千元。”（罗列事实）

你看出前后两句的区别了吗？前一句是主观判断，后一句是罗列事实。现在，把前面几个场景，换上更有效的语句，那就是：

A：老师让王通去比赛，没让你去，你就说：“他偏心眼。”

B：“老师，你让王通去比赛，没选我，我有点失望，因为我演讲能力不比他差，你能再考虑一下吗？”

A：马林不打水，却总在喝同学的，就评价：“你太自私了。”

B：“这个星期，你都没有自己打水，但喝着我们的。我觉得大伙儿应该公平，所以我希望你也能去打水，好吗？”

A：爸爸忘记给你买生日礼物，就抱怨：“爸爸，你一点都不在意我。”

B：“爸爸，你没有买礼物，我挺失望的。我很看重我们的约定。”

看看，换一种说法，就从指责变成了建议。说话的双方不再是敌对方，而是共同解决问题的合作方。显然，这样的沟通效果会更好。

四、比较，会让人过上悲惨生活

“你瞧瞧人家……”

如果你是家长，经常对孩子说这句话，那么孩子是不幸的。

如果你经常对男友说这句话，那么彼此的关系将是疏远的。

看到热播电视剧中的男主角英俊体贴，一些妻子就会这样数落丈夫：“瞧瞧你，长得不如人家，挣得没人家多，脾气还没他好……”她的用意，或许是：“尽管你啥也不好，可我还是嫁给了你，你还能再对我好一点吗？”但丈夫哪里听得懂？他脸上青筋暴突，一声狮子吼：“瞧不起我？那咱离婚！你跟人家去过。”

丹·格林伯格写过一本书，名叫《让自己过上悲惨生活》，诙谐地揭示了比较对我们的影响。他建议读者，你如果觉得自己不够惨，很简单，和别人去比较吧。比如，找张明星照片，与他们比面容、比身材、比气质，很快就会悲观消沉。

同样，如果在沟通时，你被迫与别人做比较，也会觉得沮丧、愤懑，进而激发矛盾。

台湾作家白先勇先生写过一篇小说，叫作《寂寞的十七岁》。

十七岁的杨云峰成绩不好，没有大志向。更不幸的是，他有两个杰出的哥哥。大哥在陆军官校考第一，保送美国西点，二哥在哥伦比亚读化学硕士。很自然的，他们的成绩全是A。于是，爸爸这样教育他：“你两个哥哥读书从来没考过五名以外，一个爹娘生的，就是你这么不争气，朋友问起来，我连脸都没地方放——”

爸爸又是比较，又是谴责，甚至认为儿子成绩不好影响爸爸脸面。杨云峰只好又是惭愧，又是愧疚，觉得自己一无是处。

但爸爸的用意，显然是让他知耻而后勇，于是问他：“你为什么不行？”

平心而论，杨云峰也想优秀，也挺努力，但是脑子不开窍，数学题目十有八九会看错。但到底是什么原因呢？他老老实实地回答：“不知道。”

而这在爸爸看来又是一种挑衅。于是，新一轮教训开始。

“不知道？还不是不用功，整天糊里糊涂，心思都没放在书本上，怎么念得好？每个月三百块钱给补习老师,不知补到哪里去了。什么不知道！就是游手好闲，爱偷懒！”

爸爸愈说愈气，可杨云峰并未受益，他自惭形秽，只好自卑自闭，陷入孤独，拿着电话自言自语讲上一小时；只好自己给自己写信，在母亲面前装出朋友如云的假象；只好假装上进，却看不到有什么出路。

这样的沟通，显然是失败的。因为与别人比较，会蒙蔽我们对人、对己的爱意。这是沟通中需要清除的一大障碍。

五、拐弯抹角让人不知所措

建华回到家时，妻子玉芬已做好了晚饭，四岁的女儿晶晶坐在客厅地板上，把玩具弄得到处都是。

坐在餐桌上，建华发现玉芬脸色有点阴沉。

“你怎么了？”

“我这一整天都没歇过，一大早起来做早饭，送晶晶去幼儿园，然后上班，回来又得买菜、熨衣服、拖地板，然后做晚餐……”

建华听得心里烦了，

“你忙，难道我就整天闲逛吗？”

玉芬一看丈夫这样说，愈加自怨自艾了。

“我忙碌一整天，你回来还这样对我。”

“你想让我怎么说？”

两个人都是一肚子的气，晚饭也吃不下去了。晶晶在一旁，看爸妈吵架，就吓得大哭起来。

玉芬到底想表达什么呢？

其实她只是想说：“今天我累了，晚上你带一下孩子，好吗？”

但她没有明说，反而一通诉苦，像是在开辩论赛，为自己的休息权寻找证据，然后让丈夫去猜她的真实意图。

她希望看到这样的场景，丈夫听到她一天的血泪史，就心疼地握住她的手，怜爱地看着她，温柔地说："老婆，你一天辛苦了。"然后体贴地理解她的要求："晚上我来带晶晶，你好好休息。"

玉芬滔滔不绝，却不正面说出想法，要让丈夫透过语言的迷雾，发现她真实的需求。可若是丈夫不能明白，就产生了沟通的障碍，引发一场不必要的家庭矛盾。实际上，如果直接说出需要，获得积极回应的可能性就会增加。

六、疏远别人的信号

看过《悲惨世界》的人，都会对冉阿让表示同情。

他是个善良的人，日子艰难，为了养活姐姐的七个孩子，就去偷了一条面包，结果被判了五年苦役。在服苦役时，牵挂姐姐和外甥们的安危，就屡次越狱，可每次都被抓回，并增加了刑期。结果，他当牛做马，忍受了十九年的劳役折磨。

严刑峻法让他变好了吗？不，他变得凶恶了，怨天尤人，仇视一切。幸而他出狱后，卞福汝主教视他为兄弟，帮助他、教诲他，让他重新感受到世间有爱。他深受感化，力求去做好事。

不是惩罚，而是爱，让人向善。这是《悲惨世界》的主题。

同时，在沟通中，批评、威胁、命令、嘲讽，都是疏远别人的信号，会引发抵抗而不是心悦诚服。所以戴尔·卡耐基干脆说："沟通原则之一：杜绝批评，杜绝斥责，杜绝抱怨。"

这就让人奇怪了，不是说"批评使人进步""忠言逆耳利于行"吗？

卡耐基研究了一些罪犯、杀人恶魔，发现他们尽管罪恶滔天，却都在自我辩护，认为自己非但没罪，反而是在造福社会。于是卡耐基说："99%的人不会批评自省，不管其所作所为造成多大的损失。批评只是徒劳，因为它往往引发受批评者的自我辩白，竭力证明自己所为的正确。批评是危险的行为，因为它伤害他人弥足珍贵的自重和骄傲，并且引发怨恨。"

可是，面对别人做了错事，不批评，不指责，怎么让事情变好呢？

方法就是，换一种说法。

A. 指责型：

“虎子，你看你，我刚把客厅弄干净，你一回来就把袜子乱丢，东一只西一只的。你老是这样（以偏概全）。你能不能让我省点心（批评）？去，把袜子洗掉（命令）！”

虎子一听指责，就老大不愿意了，闪进房间，把门重重一锁。

妈妈在门口怒喝：“嘿，你还来劲了。告诉你啊，袜子不洗掉，今晚别吃饭（威胁）！”

B. 建议型：

“虎子，你把袜子扔在客厅的沙发上（事实），我不太高兴（感受），因为我觉得家里就得整洁（自己的需求）。你能不能把袜子收起来，或者洗掉呢（请求）？”

虎子一吐舌头，把袜子拿进房间。

“妈，我先看书，等会儿再洗。”

你瞧，建议型中，妈妈陈述了事实，说明了感受和需求，并提出了明确的请求，就更容易让虎子接受了。这种有效的沟通法，我们将在以后的课程里好好讲解。

趣味测试 & 魔鬼训练之沟通 20 条

如果你在和别人沟通时，经常传递疏远人的信号（指责、打断别人说话、否定别人、高声吵叫、人身攻击、不断抱怨），躲避沟通，做比较，说话拐弯抹角，意思不清晰不明确，那可以参照下面李中莹先生编写的“沟通 20 条”，杜绝“少一些”的沟通方式，尝试“多一些”的沟通方式。

少一些	多一些
长篇大论、说教。	简短句子，15 字以下。
埋怨。（都是你不好、你本来就不应该……、是你使我……）	用“我”开始的句子，对自己的行为负责。（每当你发怒，我觉得很担心。）

不清晰、不明确的句子。（“乖一点”“不要这样，好不好？”）	用直接、确切的句子。（“我想让你停止说激怒TA的话。”）
“以偏概全”式的询问。（“为什么你总是这样的？”“你从来没有听过一次话。”）	用描述方式直接说出事情。（“听到你这样说，我觉得你没有做到最好。”）
聆听时眼睛望着别处、静默对待、双手交叠相向。	聆听时看着说话的人，身体前倾，点头。
打断别人的说话。	让每一个人充分地表达他的想法，再说出自己的意见。
不确定自己是否真的明白别人的意思。	肯定自己真的明白别人。（复述对方说过的话或者做配合性的回应。）
大声吵闹。	用平和、正常的声调谈话。
讥讽、嘲笑对方。	直接、明确和诚恳地说出自己的意思。
频换题目或者同时讨论多个题目。	处理完一个题目再处理下一个。
提起旧事、算旧账或发出恐吓。（“现在不吃，说不准晚上就饿肚子。”）	集中于此时发生的事情上。（“不想吃饭，是否感到不舒服？”）
身体语言与所说的话不相符。（没有配合声调、表情或手势。）	身体语言与所说的话一致。
将情绪隐藏于心里或不肯承认内心的情绪。	适当地表露内心的情绪，使对方感受到自己的诚意。
不良的面部表情：晦气、不屑或使人生气的表情。	面对别人时有和蔼的面部表情。
片面猜测别人内心的想法，自以为是。	真心地听取别人的见解，提出问题去确保自己明白别人的意思。
说使人泄气的话或者威胁。（“你这人一点用都没有”“你真令人讨厌”“你再这样，我就……”）	用EQ型用语。（“我担心你的成绩”“似乎有一些事情使你不开心，可否谈一下？”）

不理睬对方、不回答。	真心诚意地对话。
一面说话，一面做其他事情。	放下手中的事情，诚恳地对话。
永不认错。	有错时承认错误。
不断地教导或者训话，不理会别人是否接受。	用平等的地位与心态对话，适可而止。

这张表格你要经常复习，做个让人欢迎的沟通达人哦。

今天先写到这里。

祝福你。

最爱你的

倪甫清

3 月 26 日

杨略看完信，给爸爸打了个电话。爸爸自从手术之后，恢复得相当不错。原先的公司没精力去做了，所以赋闲在家，但他又不愿虚度光阴，就继续研究写作，倒也并不寂寞。只是家境大不如前。为了治病买药，储蓄花费了大半，家里的收入除了妈妈的工资，只有爸爸不稳定的稿费了。杨略读了大学，学费和生活费都相当高，毕业后如果要出国，还得需要大笔的资金。这也是杨略去做家教的原因，虽然杯水车薪，但也是一种姿态。

幸好，爸爸依然是那样乐观。

“略略，这封信怎么样？”

“嗯，一如既往的棒。”

杨略把武述和父母的矛盾，自己和葛怡的矛盾，还有撞车事件，都原原本本说了一遍。

“我想，武述妈妈的沟通方式，属于过度沟通。撞车事件呢，是传递疏远信号。葛怡批评我，也是在疏远我，而我是在逃避沟通，甚至以偏概全，给她贴了标签。”

“总结得不错，那你知道怎么办吗？”

“模模糊糊。”

“略略，沟通技巧都是细枝末节，只有体谅人心的爱，才是一切矛盾的解药。”

杨略听了，似懂非懂，就先答应着，放下电话，还在念叨着爸爸的话。

“只有体谅人心的爱，才是一切矛盾的解药。”

他开始想办法了。说实在的，和葛怡冷战两天了，他真有点茶不思饭不想，做什么都感到无精打采。

“恐怕她也和我一样吧。”

一念及此，他想到葛怡那明丽的脸庞上布满了愁怨，甚至淌下一两滴眼泪，就觉得好心疼。

“唉，我还要什么面子啊？大男子主义害死人！走吧，道歉去！”

中午时分，杨略走过湖边，又折向东，穿过一条香樟覆顶的小径，往女生楼走去。

灿烂的阳光无处不在，被枝叶筛选得细碎精巧，落在脸上、衣服上、地上，不住地晃动，像无数偷窥的眼睛，调皮地跳着，吹着清厉的口哨，震得耳朵嗡嗡作响。

临近饭点，葛怡还没下楼，但他并不抱怨，反而有些感激，可以有时间来平静一下心跳。只是人来人往，颇有些面熟的。他点了几次头以后，就站远了些，盯着海报栏上的报纸，一行一行读下去，但每个字都活蹦乱跳的，拼来凑去，组成的却是自己的心思。

过了很久，葛怡才下楼来，看见杨略，却装作没看见，直直地往前走。

杨略急忙拉住葛怡的胳膊，在她耳边轻声地说：“我错了，你原谅我，行不行？”

葛怡扭头不理，挣扎几下，依然要往前走。杨略心里好尴尬，但能怎么办？只好又将她扯住，满嘴含含糊糊的甜言蜜语，连他自己也不知道说的是什么。葛怡依然满面冰霜。

“让开！”

过往的男生女生早已面露微笑，议论纷纷了。毕竟，葛怡是大家公认的佳人，而杨略呢，大约也算得上是一介才子吧。

“葛怡，你怎样才能原谅我呢？”杨略觉得脸上发烫，几乎是在低三下四地请求了。

可葛怡并不作声，把脸扭到一边。幸好，她暂时没有夺路而走的意思了。

其实，杨略这个时候特别想骂一句：“我都认错了，你还想怎么着？你就作吧！”然后拂袖而走。可是，这毕竟是他倾心爱慕的葛怡啊。葛怡一旦生气，他肯定心如刀绞，哪有安生日子过呢？然而，眼前这坚冰怎么才会融化呢？他出于无奈，就诉说自己的苦楚来。

“葛怡，小怡，自从我前天让你生气，心里可难过了。尤其一想到你气鼓鼓的，吃不好，睡不好，我更加内疚了，整天坐立不安，老是在琢磨，怎么赔礼道歉，你才能原谅我呢？你看，我都想得瘦了……”

“你活该。”

葛怡终于说了一句，就像坚冰忽然一声脆响。杨略喜上心头，知道融化在望，于是又加了一把火。

“对，对，我活该，我上次就不该说那句话，把你给伤了。”

“那你说，以后再遇到这种情况怎么办？”

“你说怎么办就怎么办。”

“我要你说。”

“好，我说，以后不再惹你生气。”

“还有呢？”

“还有……没了呀。”

“要是惹我生气了，该怎么办？”

“赔礼道歉。”

“怎么道歉？”

“就是使劲地认错，认真地反省，争取把灵魂清洗一遍。小怡……”

“别叫我小姨。”

“大姨——”

“还大姨妈呢。”

葛怡的嘴角忍不住浮现出一丝笑意。杨略捕捉到了，又使劲地说下去。

“别生气了啊，乖。”

葛怡态度终于有所缓和，还补上了一条。

“你得答应我，当天矛盾当天解决，别延期。”

“得嘞！”

杨略像捡了个宝，牵着葛怡的手，就往前走。

“走，去吃顿好的，庆祝一下。”

“吵架还要庆祝啊。”

“为我们能和平处理矛盾而庆祝啊。”

一场风波虽然平息，但杨略扪心自问，心里高兴之余，还有一点点阴云。他依然觉得葛怡小心眼，难相处，哄起来太累人。

“唉，我又在给她贴标签了。这样可不对。”

杨略开始反思：这是实情呢，还是沟通不足所致？还有，沟通之道，除了亡羊补牢，还能不能未雨绸缪呢？他多么希望两个人沟通畅快，没有隔阂，也没有雷区啊。

他迫不及待要听爸爸接下来的课了。

当然，杨略也不忘摘录了信件的一些关键信息，发给武述妈妈，大意是，和武述沟通时，要注意就事论事，不要以偏概全，也不要过度沟通，等等。过了几天，武述妈妈就回了一封信，说她去实践了，效果很不错。

昨晚，武述回到家，又不肯做作业，只顾玩电脑。妈妈又生气了。如果照往常，她肯定大声批评，甚至出言讽刺。不过，这次她定了定神，平心静气地说：“武述，你今天不写作业就去玩电脑，我很失望。因为我们曾约定，回家先作业再娱乐。我很看重这个承诺，也希望你遵守，好吗？”

说完，她就从武述的房间里出来了，只听电脑响了一会儿，就没有声音了。大约二十分钟后，她再去房间看，武述已经在安静地做题了。妈妈给他倒了一杯牛奶。

武述做完了题，端起牛奶，踏踏实实地喝。

“妈妈，今天你怎么不唠叨了？”

“重要的话，说一遍就够了，因为我相信你啊。”

武述不说话，只是笑了笑。妈妈也笑了笑，不说话。但彼此的默契，让他们感觉从未如此舒服过。

武述妈妈的信里还说，她也要学习沟通，以便和武述更好地相处。她又透露一个消息：“杨略，你知道吗，用这个方法，我和武述爸爸的沟通也顺畅多了。真的非常感谢你呢。”

读完了信，杨略快活极了，当即把信件转给爸爸看。

“爸，你的功劳不小啊。”

“看来，不管年纪大小，大家都需要沟通课啊。”

“嗯，那我期待着。”

爸爸忽然转移了话题。

“略略，有空去看看伊雪啊。”

杨伊雪是杨略的远房堂姐，比他年长 7 岁。杨略小时候住在奶奶家，伊雪十分疼爱他，总背着他到处玩，所以关系一直很好。伊雪多年前读了一所默默无名的职业院校，毕业后，留校做了教务员。因为也喜欢文学，所以她和杨略挺有共同话题。不过进大学后，杨略诸事忙乱，倒没有和她经常联系。

“她怎么了？”

“也没什么，就是 26 岁了，也没个男朋友，他爸爸着急，怕她有社交恐惧症什么的。”

“你是让我给她介绍对象吗？我可没资源。”

爸爸呵呵呵地笑了。

“现在我们不是在谈沟通嘛，而她最欠缺沟通能力了。从小就不太爱说话，加上妈妈去世得早，更容易孤僻，所以咱们得多关心她。”

“行，我有空去看她。”

“好，最好把她带回家来，一起吃个饭。”

第二章

在人际交往中，无论面临什么困难，只要设身处地，将心比心，了解并重视他人的想法，就更容易找到解决方案。特别是发生人际冲突和误解时，静下心来，站在对方的处境想一想，或许就能理解他为什么这样做，冲突和误解就可能迎刃而解。所以，同理心在交流、恋爱、管理、教育等方面，都是不可或缺的。

3月底的一天，杨略下午课程结束后，骑着车，大约用了半小时，就到了杨伊雪所在的职业学院，在办公室里找到了她。

杨伊雪生得眉目清秀，但过于瘦小，不到一米六，皮肤绷在骨架上，白皙中透出几分淡青，像是青花瓷。脸上瘦得仿佛只剩下一双大眼睛，乌晶晶、怯生生，时常弥漫着浮云，将星月都遮掩了。偶尔想到了什么，眼中会闪烁一种天真的光芒，面颊上洇出红晕，整张脸顿时生动起来，十分精致迷人。

她看到杨略时，脸上也闪烁了这样的光芒。

“你怎么来了？”她的声音清脆动听。这样的女孩娇小伶俐，最让人疼爱了，可惜她竟没有男朋友。

“姐，好久不见了，来看看你。”

“也没有很久吧，过年不是刚见过？”她永远是如此不会说话。

“你不欢迎我啊？”

“怎么会？”伊雪亲切地拉住杨略的胳膊，就像小时候一样，“刚好下班了，我请你去吃饭。”

“不会吃食堂吧？我天天吃，都吃腻了。”

“姐自己给你做！”

“那就好，有日子没品尝你的手艺了。”

两个人快快活活地走出办公室，一高一矮，倒像一对情侣，都骑着车，先去了菜场，然后拐进学校旁边的一个陈旧的小区。楼都低矮，蒙上了岁月的尘埃，从外墙到楼道都灰头土脸。这么多年，伊雪一直与同事合租在这里，图的就是租金便宜。只可惜，随着房价暴涨，这两年房租水涨船高，五十平方米的房子月租从一千元涨到两千元。女房东还直喊吃亏：“我这是精装修，要是租给别人，得这个数，”伸出三根肥胖的手指，“一个子儿也不能少！”伊雪只是讪讪地笑。

房子很狭窄，一个小厨房，客厅与餐厅合并，两个卧室，一个卫生间。同事还没回，所以他俩倒也自在。伊雪很能干，在厨房里一阵煎炒烹炸，就摆好了三菜一汤。

吃着饭菜，杨略就扯起了闲篇。

“姐，你最近怎么样啊？”

“你也看到了，都挺好啊。”

杨略的脸上忽然露出狡黠的表情。

“有没有交男朋友啊？”

杨伊雪似笑非笑地看着他。

“你这小屁孩也来管我的事啊？”

“谁小屁孩啊……”

“对,你不是小屁孩,你和葛怡现在怎么样？”杨略和葛怡做了六年同学，他们的事儿也算众所周知。

“好着呢。姐，你要不抓紧，我可要超车了。”

杨伊雪轻轻一笑，又低下头去。

“超就超吧。”

“姐，你这么漂亮，肯定有很多人追吧？”

“没有啊。”

“那肯定是你要求高。”

“我哪有什么要求。”

“那你喜欢什么样的男生？”

“说不好，看感觉吧。”

“还说要求不高，这个要求最高了。你要说，找个帅哥，找个大款，找个才子，或者帅哥大款兼才子，这都好办，可感觉最难找了，对吧？”

“你说得也对，”伊雪似乎想笑，却又笑不出来，就用筷子点了点杨略的头，“你小小年纪，懂的倒多。”

杨略嬉笑着脸。

“姐，你想想条件，我和我爸给你介绍。”

伊雪勉强地笑了一下。此时，天色逐渐转暗，伊雪起身开了灯。天花板上的节能灯亮了，苍白色的，没有什么装饰品的房间，在夕阳中尚有几分暖色，此刻则显得局促而寂寞。

杨略发现伊雪兴致索然，就赶紧转移话题，说了爸爸的课程，同学的趣事，伊雪虽然赔着笑，但显然只是应付。

杨略吃完了饭，就离开了。

杨略走后，伊雪一个人躺在床上，房间里一片安静。她忽然忧伤起来，想起了许多往事。

她有一个开朗烂漫的童年。妈妈捧着她，疼着她，把她打扮得粉妆玉琢。虽然身在农村，家中清贫，可谁都说她像个城里孩子。那段时光里，她连哭泣也是明亮的。但十几岁时，妈妈就病逝了。爸爸是个粗枝大叶的男人，田地都犁得粗糙，哪里懂得女孩的心思。虽有个哥哥，名叫杨克文，但年龄相差太多，且远在杭州读书，也是指望不上。

她的好时光就这样过完了。六年中学里，她都是孤零零地住校，周末也没个去处。加上成绩不佳，压力巨大，她更添几分自卑，不愿走到人前去，就以书本为屏障，隐居在教室之中，慢慢变得孤僻而敏感。高考成绩不理想，她灰头土脸地进了一所寂寂无闻的学校，学的是中文，课余写一些细腻的心情散文，但都藏在厚厚的日记本里，终究没有发表一篇。

室友关系也处不好。她刚入学时，也想有个美好开端，就主动与下铺聊天。

“你是哪儿的？”

“杭州。”

“啊，我哥哥也在杭州。你是杭州郊区的吗？”她想说的是，她哥哥毕业后住在杭州郊区，若是住得相邻，那就更添几分亲近了。但话未说完，她想到了什么，脸涨得通红，不等下铺回答，立即辩白：“啊，别误会，我不是那个意思。其实，其实郊区也没关系……”

下铺原也没有多想，被她一阵辩白，反倒敏感了：怎么，我就是一身郊区的气质吗？又都是少女脾气，言语就颇有些不客气了。

“市区的！”就此不语。

杨伊雪见她表情生硬，越发印证了自己的判断，心里更是歉疚，此后与她搭讪，底气就有些不足。而人际交往就是这样，不拘小节才显情真意切，一旦谨小慎微，彼此感情自然就清汤寡水了。

往后的日子里，她除了上课，就躲在图书馆。独自行走在校园时，脸上吹着凉风，也不免感到孤单，可时间久了，孤单就成了一层外衣，将她包裹起来，生活在另一个空间里。

那是什么空间的？应该是童话世界一般，白茫茫的雪地中，一间林边的小木屋。屋内有炉火，她坐在一旁的沙发里，温暖地坐着看书，沉入幻想的世界。她习惯了自娱自乐，别人自然也就敬而远之了。

如此过了四年，没交到什么朋友，成绩倒算不错，毕业时拿了个优秀毕业生的证书。经过杨略爸爸的一番活动，她当了教务员。虽然她并不中意，但似乎也没有其他选择，也就默许了。

她爸爸特意从老家赶来看她，喝了点酒，红光满面地说：“小雪啊，要说到学校工作可真不错啊。办公室里坐坐，又体面，又轻松……女孩子嘛……”

杨伊雪点着头，虽然觉得走后门不甚光彩，却想：“工作不过为了安身，做什么都无所谓啦。只要……”她又神思飘荡了。

她的职责是给全校排课、排考场，偶尔去教室查课，说起来也有点掌握着学校血液循环的意思。身居重要部门，自然可以抖点威风。同办公室的许文便做得虎虎生威。每学期排课结束时，常有教师登门。

“许老师，我这课，呵呵，麻烦您看看，能不能给调一下？”

许文心广体胖地盘踞于圈椅之中，鼻子里嗯了一声，眼睛盯在电脑上，嘴中幽幽地抛出一句：“怎么现在才来啊？”

来访者必深感自责，身子低下去，低下去，脸上满是谄媚之色。费了一些时间，终于办妥了，来访者必千恩万谢而去。

但杨伊雪是摆不出这份派头的。别人来相求时，她身材既小，声量又低，气场就明显不足，倒像是亏欠了别人似的。她唯唯诺诺地做完，对方虽然口中称谢，但心里却觉理所应当，甚至会暗暗责备一声：还教务员呢，课都排得不让我省心！

柿子捡软的捏。教师们都有了心机，一有事情，便避开许文，径直来找杨伊雪。连学生有事也都理直气壮地来找她。许文乐得清闲，并以领导自居，闲杂之事，都尽数交给她。杨伊雪性格软弱，肚子里也表示反对，但说不出口，毕竟许文是前辈，当初刚进办公室时，人家还指导过相关业务呢，也算是半个师傅，多做一些就算是感恩吧。

“工作而已，无所谓。只要……”她虽在做事，但神思早已不知飞到哪里去了。

她每天埋没在无穷无尽的琐事之中，晚上也时常加班。她倒也不在意，反正晚上也没什么地方可去。她的日常行动范围就锁定在住所、学校，日子清澈见底，波澜不惊。可回忆起来却了然无痕。昨天做过什么事情？前天呢？脑子里混沌一片，让她时常愣愣地出神，末了，就幽幽叹一口气。

幸好她有个精神的庇护所，在那里小火炉边上，她读了老庄、禅宗，沉吟再三，愈发将世事看得淡了。

时间一晃就过去了五年，她已经26岁。她的身量没什么变化，依然瘦小，若是对着镜子细看，眼角、额头隐隐有了些细纹。工作也没什么变化，但她成了熟练工，学期初听课，学期中排课，学期末排考场，周而复始，内心也习惯了、麻木了。收入略涨了些，但刨去房租、生活费，偶尔买点书，逛逛街，基本上就没多少盈余了。

她的日子本应该就这样过下去。经济上虽然紧巴了点，但到底还算衣食无忧。只可惜人并不总是独自活着。女孩子谈婚论嫁的年纪摆在那儿，自己不急，别人也要急了。

就在几天前，爸爸来学校看她了。

爸爸年纪大了，干农活也没什么收益，就丢了锄头，离开老家来了杭州，在一家皮具厂找了个看仓库的活儿，管吃管住，工资都能存下来，抽包好烟，喝点小酒，日子过得颇为滋润。每月休息一天，就坐公交车来看她，拎着一包吃的用的。走在校园里，昂首健步，一副重要人物的派头。

“爸爸，最近忙吗？”

“忙啊！要没有我签字，仓库的材料出不去，全厂就得停工！”

爸爸年逾六旬，头发日渐花白，精神倒还矍铄，尤其脚步分外雄阔，让瘦小的她几乎赶不上，一路小跑跟在后面，听他讲宏伟蓝图：想开个木材加工厂，到老家收购桑枝，用机器啪嗒一压，全是上好的木板，销路不成问题；有了资金，给老家特产芙蓉糕换个包装，打造成品牌，推广到全省，不，全国去……

杨伊雪笑了，这依然是那个意气风发、空想主义的爸爸。

他们走到校外，在黄龙体育中心附近的必胜客餐厅坐下。杨伊雪平常花钱谨慎，连买一瓶饮料也要思量再三的，但这次她要破费一番，请爸爸吃顿大餐。

等披萨端上来，爸爸用不惯刀叉，在饼上戳戳点点，然后胡乱抓在手里，口中不住地说："这是什么东西？不就是大饼上搁香肠嘛，这也值六七十？……味道也不怎么样啊，还不如街边小摊上的千层饼呢。真不划算……"

爸爸汩汩滔滔说了一番之后，忽然停顿了，表情变得有些扭捏，说话也躲躲闪闪。

"小雪……"

"嗯？"

"你现在……有对……哦，有男朋友了吗？"

杨伊雪倒是一愣。她平常与爸爸隔得远，即便相见，也从不涉及感情问题。看到他忸怩的表情，就转过脸去，看玻璃墙外的芸芸众生，轻捷地往来，细软的春衫上，都映着潋滟春阳，闪耀得她有些眼花。

"还没有。"

"照理说呢，你也不小了，该找了。唉，这话本该你妈来谈的……"

说到妈妈，杨伊雪眼中一红。谁说不是呢，没了妈妈，她就是孤儿，连撒娇的对象都没有。若有个男生倾心地爱她，护她，容她在宽阔的胸膛里发些小脾气，伤心时掉几串眼泪，也算是个补偿。可是这个人在哪儿呢？最近像是约好似的，与她年龄相仿的同学、同事陆续发来婚宴请帖。她参加过一些。每次婚礼进行曲一响，灯光聚焦于新人身上，她就坐在黑暗里，努力将自己缩得很小，免得被高亢的音符给震散了。

她心里苍凉了。这么多年了，爱情依旧杳无音信。读书的时候，身边流淌过许多男生，也有一些明里暗里向她示过好，但她都不太中意。当然也有几位她是喜欢的，目光相交时，心里也怦怦然。可一想到要与陌生男子那般亲近，谁知是福是祸？如此一想，心里就忐忑了，又无人可以商议，就选择了逃避。时间拖得一久，对方泄了气，她原有的热乎劲儿也过去了。几次情感就这样刚萌芽，就因得不到滋养而萎蔫了。

等到参加工作之后，她像坐牢一般，每天被锁定在一间办公室里，交际面更是狭窄，哪有机会遇到一个知心爱人呢？

爸爸见她眼中隐隐有泪光，料定她是想到了妈妈，急忙扭过话头，开始陈述此行的主要目的。

“小雪，我们单位有个小马，今年30岁，杭州人，现在当了部门经理，家里有房有车，平时也喜欢看书，和你应该合得来。要不，你们找个时间见见？”

也曾有好心的同事给她介绍过对象，但她都一一拒绝了，并且在心中升腾起一股绝望：我已经沦落到连爱情也需要别人帮忙的地步了吗？相亲，多么功利、肤浅、缺乏诗意啊。

可如今连爸爸也要给她安排相亲了。听听他说的，有房有车有杭州户籍，如同卖商品一样，把卖点全部罗列，供人挑拣。那内在的呢？品行、爱好、幽默感，这些抽象而重要的特色，难道可以弃之不顾吗？喜欢看书，那看的是什么书呢？

她是极敏感的，一径地想下去。爸爸会怎么向人家介绍她呢？是征婚启事一般的措辞：品貌端庄，性格文静，职业稳定？或者再加上一些貌似隐晦而实则色彩斑斓的语句：从未交过男友，感情经历白纸一张？

她一阵阵地反胃。她是多么想拒绝，并且离席而去，躲进自己的雪中木屋里，在炉火边哭上一会儿，再与内心默默地说说话。可是看到爸爸一脸的殷勤关切，她又不忍心拒绝。

“那就……见见吧。”

爸爸顿时红光满面，声音也豪迈了一些。

“那时间呢？”

“嗯……先和他聊聊再说吧。”

第二天就是周末，杨略在学校里迎接高中老友。

校园里有个极美的湖，两岸密密地种着垂柳，临近水面，则又有鸢尾、菖蒲和芦苇。湖中偏北有一孤岛，柠檬黄的一曲木桥沟通两岸。岛上植满青松，临水有座小亭，新漆的红亮木柱，亭檐翘起，像一名书生临风而立，长袖洒然。

杨略是极爱这片水的。春天时闲闲地散步。尤其清晨，柳色淡如烟雾，与水气相融，偶尔闪烁着几朵艳艳的梅花，或海棠，还有随风飘落的樱花。最好看的日本晚樱，花瓣大而粉红，生于枝头，落于草坪，都是色彩分明。一条卵石小路驮着他穿过草坪悠悠而去，也是十分醉人。

他们把聚会地点选在小岛上，大约10点，楚当当、曾泉、陈子轩都出现了，在亭子里坐下，吹着湖风，自不免一阵嬉笑打闹，各自说了最近的状况。曾泉咧着大嘴，说起各种见闻，什么房价啦、雾霾啦、水荒啦，什么热门就说什么，和以往是一样的。陈子轩读了大学，也就得了自在，全身心投入漫画，结识了不少业界前辈，发展得颇为迅速，作品屡见于《绘心》等杂志。他又爱显摆，所以拿了新发表的漫画，让大家欣赏。

唯有楚当当神情萧然，低头看着一丛鸢尾，细细地看下去，竟有些出了神。她向来是性情潇洒的，聚会时也算是个小喇叭，可此时却有种忧郁的宁静之美。

葛怡坐在她身边，轻声问："当当，你最近怎么样？"

"还那样呗。"

"有没有出去旅行？"

"刚去了趟婺源写生，全班一起去的。"

"那儿的油菜花开得漂亮吧？"

楚当当点点头，并没有具体展开。这回，谁都看到她心不在焉了。

曾泉似乎想打破冷场，就笑嘻嘻地说："当当，你和那个和尚怎么样了？"

所谓和尚，其实就是楚当当在美术辅导班的老师，名叫端木宇，谐音"端木鱼"。谁整天端着木鱼呢，自然是和尚，于是就有了这样的绰号。

楚当当一听，嘴角似乎抽搐了一下，低下头去。葛怡赶紧搂住她，同时瞪了曾泉一眼，微微摇了摇头。曾泉会意，吐了吐舌头，不敢再说。

其实呢，这在朋友间已是公开的秘密了。端木宇现在28岁，有才华，在大学时油画便已出名，后来研究新绘法，虽不被理解，且倍受怀疑，但

班级建设好，所以对大家要求很严格。

他制定一些铁律：上课一个都不能迟到，一旦有同学迟到，他就打电话催，或是课后去谈话；寝室里必须保持卫生，还要保持安静，以利于学习；不准沉迷游戏，一旦有同学玩游戏超时，他就会主动干涉，说一番大道理。每次开班会，他都要反复强调这些要求。

到了学期末，班级进行德育互评。子逸满心以为他尽心尽力，必然大得人心。谁料，他的德育分数排在第十二名，其他班委都排进前五。

这是怎么回事？

子逸苦闷地想："是这些同学不知好歹，自甘堕落，还是眼睛瞎了？又或者，是因为我要求太严格，让他们反感了？"

他把苦闷告诉了妈妈，妈妈问他："你不能总用自己的标准去约束其他人啊。你喜欢别人总是居高临下地教育你吗？好为人师是不受欢迎的。况且你们还是同龄人呢。"

"那我该怎么办呢？放任不管？"

"不是，你可以做好自己，起个带头作用。你们班同学都是各地选拔的高才生，一看你做得很好，谁甘心落伍？时间一长，大家都追随着你，就把事情办好了。"

子逸点点头。

于是，第二学期，他换了一套作风，严格约束自己，真诚地对待每一位同学，用自己的行动告诉大家："其实这样做会更好。"

果然，他和同学的关系越来越亲密，班级的表现也越来越好，在各类活动、比赛中，都得到了不俗的成绩。他们班成了优良学风班，而子逸呢，在德育评定中，也得到了99分，成为全院最高分。

子逸领悟到了待人之道：换位思考，多想想别人的感受。他的领导力也培养起来了，因为总喊着"兄弟们上"，远不如喊"弟兄们跟我来"有魅力。我们可以预见，当他毕业，不管进入什么单位，都是个魅力四射、让人甘心追随的领导者。

这就是同理心的魅力。

一、同理心是感同身受

在泽维尔大学的毕业典礼上，奥巴马发表了一个演讲，其中说了这么一段:“当你设身处地为他人着想，当你选择扩大自己的考量范围，对他人的苦痛——无论是密友还是陌生人——感同身受时，想不行动、不帮忙都难。”

同理心是对他人经历的一种本能的映射。在电影《死神来了》之中，主角们侥幸躲过死亡,但死神却穷追不舍。当我们看着主角们行走在餐厅、浴室、操场、大街上时，都会感到心惊胆战，生怕一不小心，主角们就会遭遇飞来横祸，死于非命。

孟子说，看到小孩快要掉井里，我们都会有惊恐和恻隐之心。这不是因为我们想讨好小孩的父母，也不是要自己被称赞，而纯粹是出自人的本性。“无恻隐之心,非人也。”科学家们甚至找到了同理心在头脑中的位置——镜像神经系统,它能像镜子一样,反映别人的情绪,并触发自己同样的情绪。

为什么同理心是人的本能?按照达尔文的观点,同理心促使我们合作、团结，这样才能在艰难的环境中生存下去。正因为是本能，所以我们一旦用他人的视角看问题，就会更关心他人，更乐于帮助。

因为人类具有同理心，能设身处地为他人考虑，于是产生道德。而与此相对应，罪恶、残暴的产生，则是因为缺乏同理心。

哈佛大学知名临床精神病学专家玛莎·斯托特在《小心，无良是一种病》这本书中，揭示了冷酷无情者往往因为基因缺陷、父母虐待或惨痛经历，导致无法与他人同感，变得“麻木不仁，缺乏同理心”。美国《Slate》杂志的编辑艾米丽·贝兹伦在她出版的《棍子和石头：击败欺凌文化并重新发现品质和同情的力量》中有一句话:“霸凌行为最可怕的一面就是同理心的缺席。”

说了这么多，我们给同理心一个定义吧。

所谓同理心，是指在人际交往中，能够体会别人的情绪和想法，理解别人的立场和感受，并站在他人的角度思考和处理问题的能力。

在人际交往中，无论面临什么困难，只要设身处地，将心比心，了解并重视他人的想法，就更容易找到解决方案。特别是发生人际冲突和误解时，静下心来，站在对方的处境想一想，或许就能理解他为什么这样做，冲突和误解就可能迎刃而解。所以，同理心在交流、恋爱、管理、教育等方面，都是不可或缺的。

二、蜘蛛侠，你不懂爱

好莱坞电影《蜘蛛侠 3》中，蜘蛛侠彼得·帕克的女友玛丽·简是一位演员，担纲歌剧主角，在百老汇演出时，遭遇了报纸差评，心情非常郁闷。可帕克却浑然不觉，第二天依然赞美她。

“简，你的表演棒极了。”

“可报纸上说，玛丽·简只有脸蛋漂亮，歌喉太差了，声音太小，只有第一排的观众才能听见。”

帕克一看玛丽·简表情沮丧，就想要安慰她。

“剧评胡说八道。谁说你声音小，我在剧场里就听得很清楚。”

“可你就是第一排啊。”玛丽·简表情已是痛苦了。

帕克一时哑口无言，于是换了一套说法：“只要努力，一切都有希望，谁不是从失败走向成功的呢？”

“帕克，别说这些老套的了，希望你能明白我的感受。”

“感受？”帕克一时愣在那里。

是啊，作为年轻男生，帕克是典型的男性思维，以目标为导向，看到女友遇到困惑，只会去想解决办法。其实，女孩需要的不是办法，而是理解。如果帕克能明白她的感受，双方产生心灵的亲密共鸣，她就会得到最好的安慰。

但帕克不懂。

他不能很好地体会女友的感受，感知她的情绪。所以结果就是，女友觉得他不体贴、不知心。而帕克也很痛苦，看着女友陷入伤心的泥沼，却无能为力。这就类似网上盛行的说法，女生生病时，暗恋她的男生只会发短信说“早点睡、多喝水”之类不咸不淡的话，怎么能赢得芳心呢？

说到底，这是因为同理心不足。

那他该怎么办呢？

我们来听两个小故事。

有一个有智力障碍的小孩，他的奶奶老了，老人害怕死亡，对小孩说："奶奶快要死了。"别人都会说："哎呀，你会长命百岁，你不会死的。"小孩说："呀！那可舍不得啊！"

一位老人坐在公园的椅子上呜咽。他刚刚失去了相伴多年的老伴儿。小男孩看到此景，跑过去看个究竟。他爬到老人的腿上，静静地坐在那里。奇怪的事情发生了，老人一下子就觉得好了很多，情绪也稳定下来。后来，男孩的妈妈问他对老人说了些什么，男孩答道："我什么都没说，只是帮他哭泣。"

我听到这两个故事的时候，不由热泪盈眶。是的，再多无济于事的安慰，抵不过一句动情的真心话，或是一个贴心的动作。

我们回到蜘蛛侠帕克的例子上来，他一开始就是承担了"伪导师"的角色，煮了一锅心灵鸡汤，隔靴搔痒，并无用处。而后作为同情者，对女友的遭遇表示遗憾，同样也是徒劳。

而他如果能站在女友的角度，理解她的遭遇，体验她的心情，让女友觉得，他们两个人是连接的，甚至是一体的，就算暂时境遇不顺，但因为有了眼前的知心人，心里无比温暖，而二人的关系也更亲密和谐了。

三、同理心的法则

同理心并非新鲜概念。孔子就曾说过："己所不欲，勿施于人。"也说："己欲立而立人，己欲达而达人。"意思是，自己想要的东西，推己及人，希望别人也能拥有。

西方文化也有同样的传统。摩西曾说："对自己无益的，亦不可施加于他人。"还有著名的"黄金法则"："你愿意人怎样待你们，你们也要怎样待人。"

当然，每个人想要的都不一样，"己之所欲，施之于人"有时也行不通的。有这么一个故事：有一只硕大的海鸟叫作爰居，头高八尺，羽毛绚丽，像是只大凤凰。爰居飞到都城郊外，有人报告鲁侯。鲁侯立刻派人把它接到太庙来。为了欢迎爰居的到来，鲁侯让人奏九韶乐章给它听，准备最好的酒肉给它吃。可爰居不吃也不喝，过了三天就死掉了。

其实，人认为最好的音乐、食物，在鸟看来却不是。有鉴于此，米尔顿·贝内特提出“白金法则”：按照别人所希望被对待的方式对待别人。这个法则要求我们在决定帮助别人之前，先去了解别人想要的是什么。

那么，同理心怎么锻炼呢？

（一）放下思维定势

网上流行一个段子：

某一领导执政后，在会上猛烈抨击一位已故领导的政策，有人小声嘀咕了句：“他活着时你怎么不说？”这位领导雷霆大怒，重重地捶了下桌子，呵斥道：“刚才是谁说的？”顿时会场鸦雀无声，没有一个人敢承认。这时这位领导温柔地说：“现在你该知道为什么了吧？”

这个段子的真伪无从考证，不过它揭示了一个道理——要想理解某人的行为，就要站在他的时代、立场去思考，否则就是苛责，不合情理。

所以，同理心的第一前提就是放下自己的思维定势，否则，就容易盲目揣测别人，给别人的行为贴标签。

再比如，李鸿章因代表清政府签订了一系列不平等条约，受到诸多批评。事实真是如此吗？其实，李鸿章少年科举，壮年戎马，中年封疆，晚年洋务，对于清政府，可谓是勤勤恳恳。而与所谓“卖国贼”有关的，就是作为清朝代表，签了多次不平等合约，其中最著名的是和日本甲午战争后签的《马关条约》以及和八国联军签的《辛丑条约》。难道李鸿章就是罪魁祸首吗？正如毛泽东评价李鸿章的那一句：“舟大而水浅也。”他是个有抱负的人，但他所处的那个时代已经是末路了，大舟被小水所误，徒劳搁浅，是个人在时代中的悲剧。

如果运用同理心，站在李鸿章的时代和角度去看问题，就会发现这位老人的确有太多的无奈，我们不能苛责。

（二）察觉别人的情绪

《阿 Q 正传》中写道：

有一回，有一个老头子颂扬说：“阿 Q 真能做！”这时阿 Q 赤着膊，懒洋洋地瘦伶仃地站在他面前，别人也摸不清这话是真心还是讥笑，然而阿 Q 很喜欢。

同样是“真能做”，因为语气、音调、表情的不同，可以表达钦佩、讥嘲和愤怒。而可怜的阿 Q 好不容易得到鼓励，就不管三七二十一，一律理解为真心颂扬，但我们却不可如此的。

我们还是要学会“察言观色”。

一位美国心理学家多年前发表过一份研究心得，认为沟通效果的来源是：

文字意义：7%。

语音语调：38%。

身体语言：55%。

语音语调——声音的强弱、高低、粗细、快慢。身体语言——面部表情、头与身体的姿势、手势等，包含着快乐、焦虑、怒气，通常会被对方下意识地接受并回应。

可见，人们用言语表达出来的情绪很少，决定沟通效果的是语音语调和身体语言。

哈佛大学心理学家罗伯特·罗森塔尔对人类非言语信息的理解能力进行了一项研究。他先让人拍下一位年轻女性的各种表情，比如厌恶、慈爱、愤怒、感激、愧疚等画面，然后删除所有线索，让 7000 个人去看，并记录下结果。结果发现，能够根据非言语线索理解情绪的人，更善于调节情绪，更受人欢迎，更加外向，同时更加敏感。同时，如果能及时察觉到别人情绪波动，并及时做出反应，会让我们更善解人意，更受人欢迎。

（三）理解一切就原谅一切

读高中时，图书馆挂着罗曼·罗兰的名言：“理解一切便宽容一切。”

年轻气盛时，我对此不以为然。试想，若有人平白无故揍我一顿，后来我知道他是因为被老师骂了心情不好，难道我也要原谅他？这么说的话，杀人犯还都有自己的苦衷呢，哼！

但我读到马歇尔·卢森堡的著作《非暴力沟通》中艾提·海勒申的故事，内心受到极大的震动。

二战时，艾提·海勒申被关进德国人惨无人道的集中营，每天都遇到死亡的威胁，但她的内心依然存着一片柔情。在日记中，她写了一段发人深省的文字：

我不会轻易害怕。那不是我勇敢，而是我知道，他们也是人，我必须用心理解他们的行为。今天早上，那个性情粗暴的年轻盖世太保冲我吼叫，我没有生气，而是关心他。我想问：“你的童年很不开心吗？女友抛弃你了吗？”他看起来愁眉苦脸、躁动不安、阴沉而虚弱。我当时就想帮助他。他那么痛苦，一旦为所欲为，是多么危险！

从艾提·海勒申的日记中，我们可以分析出，运用同理心有三个步骤：

第一，设身处地。采用别人的观点，终止自己的论断，将自己的意见抛在一边。艾提·海勒申就是超脱受害者的身份，终止对盖世太保的愤怒和抱怨。

第二，体验情感。艾提·海勒申更贴近地体验盖世太保的感受，去感受他的恐惧、喜乐、伤心，于是对眼前的凶神恶煞油然而生同情之意。

第三，真诚地关心。艾提·海勒申在体验情感的基础上，更进了一步，关心那位盖世太保的遭遇。

如果说这个事例有些极端，那就说说我亲历的小事吧。

有一回，我去政府办事窗口，遭遇了一个态度恶劣的工作人员，让我十分焦躁愤怒。幸好我是有修养的，马上站在了对方的角度想问题。她每天重复那点毫无技术难度、毫无创造性的事情，高达数百遍、数千遍，而且日日如此，心灵枯燥得如同沙漠，哪里还有好兴致呢？所以，我对她的看法改变了，内心除了同情，还有那么点佩服，因为我自己是难以忍受这种工作的。我的愤怒之情变淡了。她也察觉到我情绪的变化，事情就办得顺利了些。

再比如，当我追赶离站的公交车，而司机并未停车开门时。我会想到，他的工作是有时间限制的，并且他也算是在维护全车人的利益，没有让我耽搁大家的时间，因此我不会有太多怨气，会安心等下一趟车。

这时候，我就运用了同理心，发现一切事情都自有原因，于是内心平和，对世界也多了一份宽容。

如果对人性足够洞察，对心理能够俯视，那么芸芸众生的行为都是可以理解的。同样一句来自同学的冷嘲，以前你会怒不可遏，现在你知道这其实是他儿时父母不和留下的阴影，加上昨天开会被同学排挤而产生的压力所致，于是会产生一些同情。

那么，理解之后的宽容，是对他人的宽容，更是对自己的宽容。

因为理解一切，就原谅一切。

趣味测试 & 魔鬼训练之同理心篇

在这里，我们介绍一个“枕头法”，用于提升同理心。所谓“枕头法”，是由一群日本小朋友发明的，因为问题形同枕头，有四个边和一个中心，故而得名。这个方法鼓励大家用各种立场看同一问题，从而增强同理心。

立场一：我对你错。一遇到问题，我们的第一反应往往是我对你错。而对方因为立场不同，观点与我们针锋相对。

立场二：你对我错。这时要转换角度，寻找对方的理由，寻找自己的错处。

立场三：双方都对，双方都错。发现彼此的对错两面，这时我们的心胸就开阔了。

立场四：这个问题不重要。其实大部分引发争端的事情本身并不重要，许多人将矛盾升级，往往源于意气之争。

立场五：所有的观点都有道理。了解了四个立场之后，我们会发现，所有立场都有道理，这时，我们将发现新的思考模式。

【举例】贝克早上出门晚，公交车很堵，中间站司机停车后根本没法上乘客，但司机还是坚持每站停车，耽误不少时间，车上乘客怨声载道，最后吵了起来。贝克心中也感到郁闷，但他想到了“枕头法”，决定实验一下。

立场一	我是对的，他是错的。
	早上时间很紧，大伙都着急上班，我认为你不应该耽误大家的时间。
立场二	他是对的，我是错的。
	司机是对的，公交公司有规定，每站必须停车开门，不能让车站乘客等太长时间，否则他们会投诉。所以，他应该停车。
立场三	我们都对也都错。
	我们都对。作为乘客，早上的时间是不应该被耽误；作为司机，的确应该遵守规定。我们也都错。作为乘客，不该让司机违反规定；作为司机，应该因时制宜，不能墨守成规，车子已满，就不要靠站浪费时间。
立场四	这件事其实不重要。
	其实靠不靠站，顶多耽误几分钟，其实也不是多大的事。吵闹只会耽误更多时间，而且影响大家情绪，这是不太值得。
立场五	四个立场都有道理。
	在使用“枕头法”之前，我只考虑我的感受。但经历四个立场的考虑后，我发现，双方都有道理，争吵只会激化矛盾。倒不如相互理解，将焦点放在真正重要的目标上，那就是如何安全快捷地到达目的地。

你也找一件让你深感纠结的事情，按照这个表格，进行“枕头法”的练习，然后找出解决的办法。

总之，同理心是体验别人心理的一种能力，枕头法是增强同理心的有效方法，用五种观点看待同一项问题，可以让你学会换位思考，从而开阔胸襟，也让一些问题解决得皆大欢喜。希望这个办法可以帮到你。

祝福你。

深爱着你的

倪甫清

4月5日

杨略看完了信，对同理心有了深入了解，同时也对“枕头法”产生浓厚兴趣，就想开始练习。而他心中的最为纠结的，莫过于楚当当的事情。

立场一	我是对的，她是错的。
	楚当当不能用爱去干扰别人的幸福，所以我应该告诫她，免得她误入歧途。
立场二	她是对的，我是错的。
	她懂端木宇，也懂艺术，志同道合的爱情是可贵的。而我并不知道其中内情，不能贸然指责。
立场三	我们都对也都错。
	爱情都是无罪的，我关心她也是可贵的。但她有盲目追求爱情的一面，我也有主观臆测的一面。
立场四	这件事其实不重要。
	我和楚当当之间根本谈不上有冲突，我只是关心她，希望她好。她应该也能理解。所以，争执是不必要的。
立场五	四个立场都有道理。
	楚当当爱着端木宇，感觉不到希望，需要安慰，我关心着她，就该在理解她的基础上，去关心她，让她自己选择。

杨略填好了这个表格，觉得心里忽然豁朗多了。其实，每个人因为立场不同，会有各自的想法，而且都有合理之处。楚当当诚挚地爱着，没有希望地爱着，内心早已深受煎熬，本应得到朋友的安慰，可她得到的又是什么？只有责备、嘲讽，还有貌似正确的建议罢了，有谁会耐下性子，去仔细聆听她的心声，体会她的忧伤呢？

杨略一时觉得，自己实在是太不够朋友了。

想到这里，他很有倾诉的欲望，就打通了葛怡的电话，将想法都说了。葛怡也很认可，但又说："我觉得倒是那个端木宇不是个东西，明明有女朋友，却还在玩暧昧。他知道当当的心意，但不明白地拒绝，简直就是出轨。这种渣男，实在是可恨！"

"就是！"

在这么大是大非的问题面前，杨略自然要表明立场，显示自己忠贞的爱情观，免得惹葛怡不高兴。可是他心里隐隐地认为，端木宇恐怕也有自己合理的想法，没有深入去了解，怎能轻易评判呢？

其实，如果端木宇听到杨略的心声，定然会大为感动。

他大学时专注于绘画，与女生接触得少，大学毕业后，在父母撮合下，有了一个女朋友，名叫周颖，是父亲朋友的女儿，生得端庄修长，家教很好，有名校金融学的本科学历，做着一份体面的银行白领工作，常与外宾接触，外语十分流畅，可谓无可挑剔。至于共同语言，虽然她对艺术一知半解，但端木宇并不太看重。毕竟，对他的画风攻击最多的，恰好就是学院里那些博雅的画家呢。

于是一切按部就班，吃饭，逛街，看电影，见彼此家长，虽然他们的爱从未达到燃烧的状态，但心里却颇为安稳。由于父母离异，他从未对婚姻有过太多期望，甚至有时觉得，不管与谁结婚，到头来可能都差不多。如此过了两年，就张罗着结婚。女方家境好，出资买了套婚房。所以，如果不出意外，事情就该这样发展了。

可是，就在这当口，楚当当的出现，像暗室里冲进了一团烈火，他的世界忽然明亮了。

楚当当有一种天分，非常善于捕捉到他画作中的妙处，而那恰巧就是他最用心表现的，可谓是他的知音。起初他只觉得两人相处很快乐，但慢慢地，他从当当的眼神里、短信中，发现了一些异样。他本来应当躲开，但不知为什么，他并没有，反而从中感觉到难言的快乐。终于有一天，他收到了这样一条信息："端木，让我为你灿烂一次吧，用我的青春。"

看到这句话的一瞬间，他正在画室，猛然呆住，心里似乎被重重撞击了一下，感受到一种渴望。灿烂，青春……那么明媚而遥远的词汇。他也曾经有过，却早已从指间流走，哪里还有什么剩余。他用青春做过什么？

好快啊，就要30岁了，却从未灿烂地忘我地盛开过一次，青春眼看就要草草散场。开到荼蘼，花事已了，从来都是如此。接下来的任务，该是成家立业，该是赡养父母，该是用沉重的步伐，每天敲响固定的路途，该是觥筹交错，目光务实而锋利。梦啊梦啊，渐渐变得遥远。

可是当当呢，刚刚走进大学，正是最梦幻的年纪。少女，单纯的少女，窈窕的少女。单单一想，就美好得如同初春的小鹿，在水蓝色的清晨，在蘸了露水的阳光中灵活地跳跃着，向他奔来，娇艳得那样炫目。

他忽然半晌无语，忽然站起身来，忽然觉得肢体颤抖，默默走到窗边，脚步如同梦游。

"当当。这是真的吗？"

"是真的。你给我展现了生命最美好的一面。让我为你灿烂一次吧。"

他的心里忽然被蜇了一口，泪水涌出眼眶。

"当当。你知道，我有女友了。而且，正在预备着结婚。"

"我不会干扰你，我只想尽情地爱你。然后，我会像秋叶一样安静。而且，终生无憾。"

"这真的是你想要的吗？"

"你知道我心目中的爱是怎样的吗？应该是火一样去爱，然后火一样烧尽。就像小人鱼，为了爱情，放弃了生命……"

"唉，这是自虐式的爱情。可爱情不是应该让人快乐的吗？"

"小美人鱼也快乐啊，她感受过真挚的情感。"

对于这一点，他不得不赞同了。这样的爱情，有过一次，人生还有什么缺憾呢？口中却说："这又是何必……"

"唉，明知道是飞蛾扑火，但为了你，我愿意，我什么都愿意。"

"你真傻。"

"对，我是傻。你的才华足以让我倾心，其他的我就顾不上了。"

端木宇的心又一次颤抖。这句话对他而言，无疑是太有杀伤力了。他知道，在生活中，他一直是个平庸的男人，画作也并不太受重视，至今寂寂无闻。唯有当当，珍惜他的才华。

但是，端木宇的理性再一次占了上风。

他和周颖之间，虽然没有结婚证书，但既然双方父母都已认可，彼此的朋友、亲友都已知情并认可，其实就相当于订婚了。他怎能单方毁约，陷双方父母于尴尬的处境呢。

他也觉得奇怪，他只考虑父母，却没有考虑周颖的感受，或许在他看来，他感觉平淡，周颖的情感肯定也不热烈。

他们都属于奉旨成婚的类型吧。

第三章

有效沟通分为四步。第一步，观察。留意发生的事情，不作判断，而是就事论事；第二步，表达感受。直接说出失望、难过、气愤等感受；第三步，分析需要。扪心自问自己的感受源于哪些需要未被满足，然后把它说出来；第四步，说出具体明确的请求，而不要含糊抽象。

杨伊雪把相亲的日子定好了。

周四的傍晚，杨伊雪下了班，收拾停当，提早半小时，出门去赴约了。倒不是心急，而是先去设伏。若是来者气质尚可，那不妨共进晚餐。如果实在不堪，那就找个理由，忽然感到身体不适啦，学校里突发事件啦，反正，避而不见。

她心里就有这份算计。

男子叫马永荣，平凡得有些庸俗的名字。他曾短信来联系过，看措辞，文理颇显粗陋，却又故作文雅时尚，把“也”说成“亦”，“几点”换作“几时”。

稍微熟悉了些，他就提出互看照片或视频，她一口拒绝了。照片是静态的，一时一地而已，难以反映四维空间里的真人，而网络视频呢，她是个对着摄像头就紧张的人。

“不如直接找个时间见见吧。”

她的原意是，不想陷进朦胧的幻境中去。网恋？读大学时倒憧憬过，但现在已不适合她的年龄了。对于这次约会，她是漠然处之，只是见见而已。谁知马永荣却会错了意，以为她有些性急，一时正中下怀，赶紧打了电话过来，语气已颇为随便：“美女，到时候你穿什么颜色的衣服呢？我好及时认出你来。”

美女？多么轻佻的称谓啊。杨伊雪的脑海中不由浮现出一个场景：一个流里流气的男人，尖嘴猴腮，叼根烟，走在大街上，见了单身女子，就吹个口哨，迎上去搭讪：“嘿，美女！”她心里更无好感了，但过了一会儿，就觉得自己的想象颇为可笑，都还丝毫不了解，怎么能这样贬损人家。于是认真地回答：“蓝色T恤。”

“那我也一样！哈哈！”

杨伊雪觉得这笑声里有种愚蠢的自信，伤了她的自尊，就甩了句再见，挂了电话。到了约定的日子，她偏穿了套白色连衣裙，在两岸咖啡厅入口处的位置坐下。喝着柠檬水，看了会儿毛姆的《刀锋》，手机里来了短信：“美女，你到了吗？我已到门口了！”

杨伊雪伸长脖子，朝着门口望去，玻璃门外影影绰绰，不知道会进来怎样的人。她心里一阵紧张，回了条短信：“我还没到，你先进去找地方坐吧。”放下手机后，她忽然觉得此时此景有几分荒诞，几分有趣，就像小闰土用筷子在雪地里支个竹箩，下面撒点米粒，自己伏在一边，手里握着线，瞪大眼睛等麻雀飞落，心里怦怦乱跳。

来的却是个头若鸭梨的男子，头发偏又理得像鸡冠，周边剩一圈青黑的发茬，顶上倒是根根立起。穿蓝色T恤，竖着衣领，腋下夹一个黑色牛皮包，肚子隆起。再近了些，可以看见他的小眼睛一路左顾右盼，嘴唇微微张开，露出一口黑黄的烂牙。

虽然相隔尚有四五米，但她似乎闻到一股生猪肉的腥膻味儿。这人一看就是烟酒过度、圆滑贪财、缺乏锻炼，且又假装时髦的市井之徒啊。爸爸怎么会相中他？到底是两代人审美观不同，还是爸爸真觉得女儿与这样的男子是一路货色？

杨伊雪低下头，不忍再看他，心里沉下去，下意识地去摸自己的脸蛋。她在校园里泡着，举目所见，大都是年轻人。每年换一茬少男少女，都有着青春的脸蛋、红嫩的嘴唇、明亮的眼眸。看久了，她觉得自己也是其中一员，一直都是。

今天她惊醒了。学生们可以推陈出新，而她不行，只能默默地老了！皮肤已不如早年光洁，性格也愈发孤僻。舆论将她这类人戏称为“剩女”，或是“剩斗士”，并作为社会现象研究。她原先也不在意，因为美满爱情从来是勉强不得的。得之我幸，不得我命，如此而已。如果终身不遇，一个人孤独地走过人世，那也是月白风清。男男女女的事，假如失了真心，那大抵是暧昧的、污浊的。至于家庭，如今五代同堂拆成了三口之家，三口之家又遭遇持续走高的离婚率，所以家庭的不稳定也是大势所趋吧。为组家庭而勉强找个对象，不仅委屈了自己，也没有那个必要。在她看来，单身非但不可耻，还有股洁身自好的绰约风姿。

但独有这一次，她感到了绝望，自尊心落到尘埃里去。在别人眼里，甚至在爸爸眼里，她已如明日黄花，凋萎在即，随便找个不堪入目的男人，便可以将她的后半辈子打发了。原来单身不只是一种生活方式，还事关女人的名誉。社会运行自有其规律，什么年龄就得做什么事，读书、工作、结婚、育儿，若是有人胆敢违规，就被大众视为异类。

她的嘴角颤抖得如同吞了口热油，脸色变得苍白，再也坐不下去了，就发了一则短信：“学校临时有事，我赶回去处理一下。”没等到回应，就站起身来，走出咖啡厅，在路上踽踽走着。手机嘟嘟嗒嗒地响，她也不接，干脆关了机，塞到手袋深处。

外面正是黄昏，太阳坠下去了，剩下满天迟暮的紫霞，一层层重叠，蔓延，褪淡。整个天空像剥去鳞片的鱼，血肉模糊，却适合手的轻抚。

她漫无目的地走着，过大街，穿小巷，茫然地看夜色渐渐将四处涂黑。她本来对杭州就不熟，等她回过神来，已不知身在何处了。小巷里只有零散的路灯，周围都是黑魆魆的建筑物，像巨人林立。星星点点的窗灯，便是他们阴郁的眼神，无声地审视着她。旁边树影婆娑，屈伸摇摆，宛如鬼魅。她心里一阵害怕，却忽然想到了但丁的诗句：

我在人生旅程的半途醒转，
发觉置身于一个黑林中间，
林中正确的道路消失中断。

她已活了26年。妈妈去世时还不到50岁，按这样算，她已走过了人生的半途。多么快啊，童年往事还历历在目，眨眼却已过完了半生。当然，除了阳光灿烂的童年，她此后的日子都只是轻烟，幻成一个个场景，她孤独地穿越一天又一天，偶尔回头，轻烟消失无踪。她又看到了阳光地里，妈妈牵着她的小手，蹦跳地行走在田塍上，两边都是茂盛的油菜花。那是凡·高的画作，大块大块的金黄，背景是海蓝的天穹。

细想起来，自从妈妈去世，她似乎就停止了成长。又或者说，她一直生活在妈妈的世界之中。那雪地里的小木屋，或许就是妈妈，永远矗立在那里，烧着炉火，替她遮挡着雪地的清寒。

“妈……”她不自觉地轻喊了一声，却像一记惊雷，将心里的堤坝震塌了，淤积多年的滔滔心事，顿时化作泪水倾泻而出。她的身子无力地瘫软下去，孤独地坐在地上，不住地颤抖。

她不知坐了多久，哭了多久，直到浑身都化作了水，化入了茫茫夜色，化作了风，又被更多的风吹回来，凉意渗透全身，她的神思才渐渐归位，想到了咖啡厅里的事情。忽然，一个声音在心中响起：“我这辈子就这样了吗？”

她重新审视了这些年的足迹。她从妈妈身上继承了倔强的脾气，又从爸爸身上继承了好幻想的个性，虽然读了一所不入流的学校，做着一份味同嚼蜡的工作，早已身处社会边缘，但一直清高地自以为生活在别处，众人皆醉，唯我独醒。可是，这个“别处”又在何处呢？以前不曾细细想过，现在想来，或许只是在妈妈怀里。在那个温暖的所在，她依然是童年时漂亮、聪颖、任性的公主。现实过于冷冽，她情愿沉醉于旧日的幻梦中，再也不愿醒来。

可是，她终究会醒来的，揽镜自鉴，发现自己不过是一名“剩女”，像一只渐渐失了水分的苹果，才能平庸，出身平庸，却又自视甚高。唉，这些年里，不知有多少人在背后议论她，笑话她呢。夜风吹动树叶，哗啦啦响，像是在嘲笑她。偶有几个路人经过，窃窃私语，也是在嘲笑她。连屋角树下的蛐蛐声，此起彼伏，也分明是在联合起来嘲笑她。

她心里腾地燃起一股火苗。这在她是不常有的。从外表看，她是个多么温顺、懦弱、与世无争的女孩啊。然而这一次她的倔强充溢着心脏，再随着血液，泵到四体八骸去。

她喊出声来：“这辈子只能这样了吗？”

而与此同时，杨略也不太好过。

这学期杨略的课程不少，下课后忙于参加各种事务。一到五月，校园里各种活动都展开了，什么艺术节、展览会、文学大赛、戏剧节，名目众多。而他身兼数职，常常是去艺术节做了些事，又要去剧社装饰舞台、演练台词，忙得嘴唇都生了泡。

事情一多，难免心里焦躁，言行就不太谨慎了。这一天排练艺术节的开幕式，除了常规的唱歌跳舞相声之外，为了壮壮声势，节目组特别邀请学校婳羽动漫社团加盟，进行大型动漫真人秀演出。总导演李子墨老师忙不过来，让外联部负责排练这个节目。部长于晓倩忙着拉赞助，所以排练的任务，就交到杨略的手里。

五点半，杨略来到大会堂，在一片杂乱中，开始了他的初次排练。

在恢宏的乐曲中，穿着各种动漫服饰的男生女生依次出场，高高矮矮，红红绿绿，一味要酷，人人都要争先，所以队伍并不整齐。这让灯光师十分为难，判断不了谁是主角，追光灯不能及时打在主要演员身上，导致舞台上显得非常凌乱。杨略不由摇头，拿着扩音器大喊：“停，重来！”

演员们一阵骚乱，杨略和灯光师沟通了一番，然后喊道：“开始！”

演员又走了一遍，手持轩辕剑的男生身躯修长，故意左顾右盼，缓缓而行，而一旁手持羽扇的演员性子却急，步伐很快，走到了前列，队伍又不整齐了。

“停，重来！”

如此三回，演员就有些受不了，手持轩辕剑的男生大喊：“来什么来，你到底懂不懂啊？”

“就是，不懂别瞎指挥。”

这些演员大都是大二大三的学生，看到杨略这个小学弟在指手画脚，心里本来就不服气，现在看他接二连三地喊停，自然满肚子的怨气。一些脾气大的演员，已将手持的兵器，或者头上的冠冕都扔在地上，表示不愿再演了。

杨略本打算半个小时排练完，然后去图书馆。他和葛怡约好六点见面。葛怡说，有重要的事情和他谈。他也想趁机看点书，写点东西。最近他练笔太少，心里有些空落落的。可偏偏演员们不配合，很容易打乱他的安排，于是一时火起，冲到了舞台上。

“你们怎么回事？还练不练啊？”

“练个啥？”轩辕剑怒目注视着他。杨略这才发现，拿轩辕剑的演员居然就是上回与他撞车争执的男生。真是冤家路窄啊。

“你们的负责人呢？”

“我就是。”

事情有点难办了，杨略勉强保持着冷静。

“你们的队列太不整齐了，要调整。”

“又不是军训，要那么整齐干吗？”

“可舞台效果不好啊。”

“我们都演出十几次了，每次人家都说好，你凭什么指手画脚啊，你算哪根葱啊？”

“嘴巴放干净点。”

“我就这样了，怎么着吧！”那位男生挑衅地看着他。

杨略感觉浑身发热，热血冲到脸庞和脑际。按他以前的脾性，肯定一卷袖子，就要起争执，或者干脆拂袖而走。但他经过上次的撞车事件，加上爸爸关于同理心的信件，他硬是控制住自己，不让怒火冲昏头脑。他深深吸气，心里默念：“放松，放松，这是一件小事，不值得小题大做。”

他正在寻找办法，想缓和气氛，把局面往好的方向推进，总导演李子墨老师来了。

“怎么回事啊？”

那男生一指杨略：“他故意为难我们。”身后的演员们也都纷纷响应，而且添油加醋。杨略一时成为众矢之的。

杨略刚平息下的怒火，又不自主地喷发出来。

“是你们的队列太乱。”

那男生冷冷地看着他。

“那是你不懂！”

“好了！”李子墨抬了抬手，“王凯，少说两句。杨略，你先在一边歇会儿。接下来，我来排练。”

李子墨毕竟做了多年舞台导演，在学生中很有威信，稍做指挥安排，就让演员们服服帖帖，井然有序。他走下台来，站在杨略身边，抱着双臂，从容地观看演员们的服饰和姿态。

“杨略，下次遇到事儿，可不能急，一急就啥事也成不了。”

杨略答应着。他有一句话早就想和李老师说，可总也说不出口，于是只能点点头，但内心充满了挫败感。

其他的节目也陆续排练。先是合唱，学生们统一的黑衣服，远处看像一群企鹅，嘴型都扩成O形，时大时小，像吹着黑色的泡泡。唱到末尾，第一排女生左右摇曳，一脸童真无邪状。接下来的节目是相声，两个西装革履的男生说得矫揉造作。

杨略感到有些无聊，忽然被人拍了一下肩膀，他回头看，发现是楚向南。

“你怎么来了？”

楚向南神秘地往台上努了努嘴。杨略往台上一看，发现那里婷婷地站着一位修长婀娜的女生，穿一袭白色吊带长裙，有种流水的细腻和妥帖，曲折有致。她的头发直垂，脸型纤秀俏丽，眉眼清晰而皎亮。白净的胳膊上印了一个黑色的骷髅，象征着她的角色是白骨精，但狰狞得近乎俏皮。

至尊宝、唐三藏等陆续上来。对白是平淡无奇的，甚至有些滥俗，借用了些周星驰的经典台词：“当时那把剑距离……”，或是“小强”“旺财”地乱叫。

女孩对至尊宝说：“你永远不爱我了吗？永远？永远有多远？我长生不老，也不过是永远不死。我不死，你就不会爱我了，对吗？”一脸幽怨，却又安静得像一片月光。这原本该是紫霞的台词，然而成了白晶晶的，“那如果我死了，你会不会将我记起，梦醒时将我呼唤，像呼唤一朵流逝的云。”

虽然在排练，但现场还是响起一阵掌声。杨略发现，这最后几句诗分明是楚向南写的。前几天楚向南写好了诗给他看时，杨略还问过一句：“这是情诗啊，写给谁的？”

“秘密。”

“跟我还保密？”

“没这么复杂，反正也没希望的，说了又有什么用呢？”

而从今天的演出来看，楚向南心中的那个人，就是这白衣女孩了，不仅如此，他应该采取过行动了。杨略用胳膊肘撞了撞楚向南。

“行啊，都主动出击了。眼光不错！”

“你想多了。她叫叶文思，我的高中同学，校舞蹈队的。前些天，她说要演出，没有剧本。我说，我帮你写一个吧，于是把自己的一些诗编进去了。”

“哦，她还不知道这是写给她的？”

楚向南点了点头。

杨略轻轻地推了他一下："孬种！"

楚向南苦笑。

杨略忽然想到了一件事，赶紧一看手机，时间已经接近七点，而且还有三个未接电话，都是葛怡打来的。刚才手机设了震动，周围又吵闹得很，他根本没听见。

"啊呀不好，我和葛怡约好了六点去图书馆的。"

"那你赶紧去啊。"

他丢下楚向南，跑到一个僻静的地方，给葛怡打了电话过去，可刚响两声，立即被挂断了。

得，又生气了。怎么办呢，按约定，得赶紧道歉哪。他持续不断地拨，葛怡终于接起了电话。

"葛怡，刚才在排练，没听到手机响呢。"

"排练排练，我看你都忙疯了。明明说好六点，这都过了一小时了，你人呢？"

"我现在马上过来。"

"你别来了。"

"葛怡，你别生气好不好？我也不是故意迟到的，实在是活动太忙。"

"整天活动，你跟活动去过得了。"

"唉，我也不想啊，这不骑虎难下吗？"

"借口！我看你根本就是不在意我。"

"怎么又绕到这上面来了？葛怡，你别生气了，我现在过来，好不好？对了，你今天想跟我说什么事情来着？"杨略忽然发现，此刻他们的对话，几乎是爸爸第一封信中子良和悠悠的翻版。

"什么事也没有，你也不用来了，我已经回寝室了。"

电话被挂断了。杨略一脸沮丧地回到大会堂，来到楚向南身边，一时无所适从。楚向南在一旁察言观色。

"怎么，和葛怡吵架了？"

"这不常有的事儿吗？"这回换作杨略苦笑了。

"唉，看来家家都有本难念的经啊。你们是神仙眷侣，让多少人眼红啊，谁知道也是相爱容易相处难。现在想想，还是我这样好，远远地看上一眼就满足了……”

杨略一时竟无言以对，暗自嘀咕了一句：“难道真的是相见不如怀念？”

两人相跟着走出大会堂，走在幽静的校园里，不知不觉，就到了湖边。风倏忽来往，搅得池面起伏，只有黑白两色。夜色下，对岸垂柳都凝成了山峦，起起伏伏，再过去是一道紫藤长廊，阴阴的，然后是两行高高矮矮的楼房，夹着一条街道。街道上流淌着色彩与喧嚣，昼夜不息。再远处，视线就被高大的水杉挡住。那里的夜空生满了铁锈。

杨略说了不少和葛怡的往事，让楚向南屡屡感叹。

“我真是羡慕你们啊。”

“羡慕什么呀，总吵架……”

“你们有感情基础，这点小吵小闹，只是小插曲。”

“别光顾着说我了，说说你和叶文思吧。”

楚向南说，叶文思是经济学院的学生，也是他的高中同学。她身材修长，喜欢穿牛仔裤，有时也穿宽大的黑色束脚练功裤。在他的印象中，总是喜欢大笑，笑得身子瘫软，往同桌倒过去，说话大大咧咧，剑拔弩张。高中时与另一女生整日泡在一处，老公老婆叫得亲热，算得上是女汉子。

有男生打趣说：“本来就‘资源’短缺，你们还搞内耗。”

她当时的回答已不能记起，只是最后一句语惊四座：“……什么臭男人！”一脸大义凛然，颇有几分英气。立即又笑得没心没肺，身子瘫软下去。他喜欢这种爽气，一如她的衣服与身材，都是清新而饱满，像一枚晶润的樱桃，高悬枝头。

但她的作业本上的字永是纤细整齐，宛如一畦畦的麦苗、定时修剪的黄杨树。平常穿过校园，也是目不斜视，独自认真地走路。而此后的一段日子她的眼神却常常茫然，仿佛映着一片云天，淡蓝中浮着连绵的雪白。而这种茫然，只有他知道。或者是他以为他知道。

高考之后，楚向南打听到叶文思的高考志愿，就填了同一所学校。

“你就不想去追求她？”杨略问道。

“我拿什么去追她啊？你又不是不知道，我穷得连请她吃顿饭的钱都没有，还追……算了算了。”

到了宿舍楼，他们各自回寝室了。杨略心绪不能平，想起楚向南的一些事情来。

杨略与他真算得上是一见如故。

记得刚入学那一天，杨略打了车，一人一箱一包，就独自来报到了。而其余同学，无不是兴师动众，由家长簇拥而来。在人群中，他看到了一个男生颇为奇特，生得长手长脚，皮肤黝黑，五官有点粗枝大叶。一件褐色衬衫，纽扣一直扣到领口，底下一条黑色长裤，明显太短，露出脚踝。脚上是一双胶皮鞋，背上是一个发白发软的陈旧牛仔背包，手里还拎一个红蓝条纹的蛇皮袋，脸上淌着汗水，不时用手背去擦一下。这分明是一个农民工的打扮，但他走在现代化的校园里，走在打扮入时的学生之间，并无半点拘束，神情自若地直走到杨略旁边的报名点。

报名处的老师核对了录取通知书，然后往旁边一指。

“你的学费还没交，去那边交学费吧。”

那个男生开始有些发急了。

“老师，不是可以申请助学贷款的吗？我的学费没……没带啊。”

“可你还没满18周岁，不能贷款。”

“那咋办呢？这也不能怪我，我们那儿入学早……”

人多事杂，招生老师有些不耐烦了。

“你得先打听清楚了呀。下一位——”

“老师,那我怎么办呢？我总不能就这样回去吧。”这个高高大大的男生，此时说话已带了哭腔。

杨略什么都听清了，也顾不得自己报到，马上走了过去。

“老师，学校不是有绿色通道吗？”

“那都是针对可以贷款的学生的。”

“可绿色通道，就是给贫困生的通道啊，没说必须年满18周岁吧。”

“这个……”老师被问住了，“行，我去问问领导，你们先等一会儿。”

很快，学生处处长来了，40多岁，西装革履，红光满面，十分热情地握住了那男生的手。

“你叫楚向南吧？放心，你的情况我了解了，这样吧，你先办好入学手续，学费的事慢慢再说。学校肯定会争取给你减免的。”

楚向南热泪盈眶，一时不知说什么好了，就给处长深深鞠了一个躬。处长和蔼地一笑。

“行了，办手续去吧。”

杨略和楚向南同时办好了手续，相对一笑，就一起朝学生宿舍走去。路上，他们兴奋地交流起来。楚向南来自贵州，据说是他们村寨里头唯一一个大学生。他笑声爽朗、思维敏捷，自有一股潇洒淳朴的气质。

“刚才真得多谢你啊。”

“这还谢什么呀。”

“我人生地不熟，多亏你帮忙。”

“我叫杨略，是人文学院的，你叫楚向南吧，在什么学院？”

“在生命科学院。”

他们聊了许多，当杨略听说楚向南的高考语文成绩居然高达133分，比自己还高了2分，顿时有点瞠目结舌。

“那你怎么不报人文学院？”

“我觉得生物也不错，我们贵州乡下穷，我就想着，学好生物，兴许可以回去干点现代农业，让那儿的经济也发展起来。”

杨略已很少听到这样淳朴的志愿。现在的学生填报志愿，要么经济贸易，要么金融建筑，反正什么好挣钱，就去学什么。楚向南回报故乡的想法，让杨略十分感动。

“不过你语文的优势也别浪费啊，多写点文章。”

“行，你在人文学院，文笔一定很棒吧。”

“一般般，也就爱写点诗啊小说什么的。”

“你还写小说？”

“对啊，和我爸出过一本书……”

正在疾步行走的楚向南忽然站住了，杨略觉得奇怪，回头去看，只见楚向南站在路当中，眼睛瞪得老大。

“你怎么了？”

“你……你都出过书啦？太，太了不起了！大才子啊！要么咋说大城市人聪明呢！”

“那主要是我爸的功劳，我就打打下手。”

“真是家学渊源啊。”

从此以后，他们就成了好友，一同加入文学社，平时常在一起探讨诗文，几乎是无话不谈。楚向南的确生活窘迫，不仅没有带学费，连生活费也只够两三个月的。于是一入学，他就满大街去找餐馆，问人家招不招洗碗工，但人家都只招全职的，所以他没能如愿。幸好学校勤工助学招人，他得了一份扫教室的活儿，每个月能有四百块报酬，暂缓了燃眉之急。但添置衣服就难以胜任了，而南方的冬天偏偏潮湿阴冷，所以他时常去操场跑步，以此抵御严寒。

难道大学里的贫困学生，就不能追求爱情了吗？

杨略这样想着，打开了电脑，发现爸爸又给他写来了一封长信。

第三课　如何有效沟通

杨略：

见字如面。

经过前面两讲的铺垫，接下来我们进入最关键的内容——如何进行有效的沟通。

爸爸对儿子说：“你成绩这么差，太让我失望了。”

女生对男友说：“你昨天没来，让我很难过。”

这两句话似乎完全没问题，我们平常都这么说。爸爸认为，自己失望的原因，就是儿子成绩差。女生认为，自己难过的原因，就是男友昨天失约。他们的意图都是让对方内疚，并积极悔改。

但这种归咎于对方的方式，往往会导致两种结果：

一是改正，但未必真心。

二是对抗，导致逆反。

那怎么办呢？

我之前讲到抑郁时，给你讲过ABC理论，还记得吗？其原理是，并不是人和事让我们喜悦或悲伤——它们只不过是提供了一种刺激。其实，是我们的认知决定了我们在特定情况下的感受。

为了阐明这一理论，埃利斯提出了“A-B-C”模型：

A代表“前因”（antecedent）（引发反应的情况）。

B代表“观念”（beliefs）（我们对该情况的认知）。

C代表“结果”（consequences）（我们的感受和行为）。

尽管我们倾向于责怪“A”（前因）造成了“C”（结果），其实是“B”（观念或需要）使我们产生了那样的感受。让我们来分析一下前面那两句话：

A：你成绩这么差。

B：我希望你优秀。

C：我很失望。

A：你昨天没来。

B：我想和你在一起。

C：我很难过。

让爸爸失望的原因不是儿子成绩差，而是他的需求（儿子优秀）没有得到满足。让女生难过的原因不是男生失约，而是她的需求（和男友在一起）没有得到满足。所以，要得到良好的沟通效果，应该说明感受、需要和愿望。

爸爸对儿子说：“你成绩没考好，我很失望，因为我希望你表现优秀。”

女生对男友说：“昨天你没来，我很难过，因为我喜欢和你在一起。”

听听看，这样的表达方式，已经从责备变成一种倾诉，是不是更容易让人接受，并且得到积极的回应呢？儿子知道爸爸对自己的殷殷期待，会更容易被触动，从而自我反省，努力做得更好。而男友听到女生的需要，往往会满心温柔，觉得女生真是楚楚动人，下次相约，他肯定不会错过。

这种沟通方式，马歇尔·卢森堡将之称为“非暴力沟通”。归结起来，分为四个要素。

第一步	观察	留意发生的事情，不做判断，不以偏概全，也不乱贴标签，就事论事。
第二步	表达感受	失望、难过、气愤、开心等感受，都要直接说明。
第三步	分析需要	要扪心自问，自己为什么有失望、难过等感受，是因为哪些需要没有得到满足吗？然后把它说出来。
第四步	说出具体请求	请求要直接明确，不要含糊抽象。

接下来，结合实际案例，我要将这四点仔细讲解。

一、观察——要客观描述不要评论

小玉忙碌了一天，临走前还被老板批评，受了点气，回到家里，看到丈夫建明懒洋洋地靠在沙发上，正在看电视，脱下的大衣、围巾、手套随意乱丢。

小玉脱口而出：“你怎么又把房间弄得一团糟？”

建明茫然地看了看：“没有吧。”

小玉一边收拾，一边批评：“你总是乱丢东西！”

建明被接连指责，心里已经很不舒服，明知有错，但为了维护面子，他依然在狡辩：“家里嘛，总是要弄乱的。”

小玉怒视着他：“弄乱了你会收拾吗？还不得我来，我上班那么累，回来还得伺候你……”

建明一看小玉的怨妇样，顿时感到极大的无趣。

“好了好了好了，我自己收拾。”

说完，将大衣、围巾往怀里一团，独自走到房间里了，嘴里还絮絮叨叨：“就这么点小事，又大发脾气！”

于是，一个本来温馨放松的夜晚，又要在冰冷气氛中度过了。

分析一下这个案例，小玉话里出现这几个词：

“一团糟”——这是主观判断，也是以偏概全。建明看了看，除了大衣和围巾，其他地方还是很整齐的嘛，难免感觉小玉有些夸大其词。

“总是”——绝对化的词语，使表达过于夸张，建明觉得这种评论不公正，所以激起逆反心理，急于反驳，而不是做出友善的回应。

如果小玉懂得有效沟通，可以这样说：“建明，你的衣服帽子没放对地方（观察），我看着不太舒服（感受），家里得保持整洁（需要）。今天我累了，没力气收拾，你能收拾一下吗（请求）？”

这样，把“一团糟”的笼统概述，转化为客观的细节描述，有助于让交谈的对方保持耳朵和心灵的开放。因为对于观察到的客观事实，我们是无法反驳的。

当然，如果建明是情商高手，一听到小玉的责备，就应该有这样的反应：“媳妇，你不高兴啦（对方感受）？是不是因为我衣服没放好（具体事实）？”

“就是啊。”

“咱媳妇是个喜欢整洁的人（对方需要）。好，我去把大衣、围巾啥的都放好。”

“这还差不多。”

“对了，看你的神色，今天在公司里不太顺心（对方感受）？”

“是啊，临出门时，还被老板批了一顿，其实那事根本就不怪我……”

“你难过，是因为你希望老板能够公平（对方需要），对吧？到底怎么回事，和我说说看。”

于是，小玉开始倾诉那件不快乐的事，说开了，心情就好多了，一场家庭争斗被避免，小玉在办公室的委屈，也被建明抚平了。

二、感受——别把感受和想法混淆

小玉生病了，晚上6点半给建明打电话，建明8点钟赶回家。小玉一看到丈夫，脱口而出：“你怎么才回来？一点都不在乎我！”建明推掉应酬好不容易才赶回家，听小玉这样一说，肯定是满肚子委屈。其实小玉想表达的感受是，“我生病了，一个人在家，很孤单，我需要你的关心”。

这就是把感受（孤单）和想法（你不在乎我）混为一谈的范例。这种言语“暴力”的现象很常见，忙于指责、埋怨，而不说自己的感受，导致对方关系恶化。

在列夫·托尔斯泰的《安娜·卡列尼娜》中，安娜爱上了伏伦斯基，在沙龙里,他们坐在一起,聊得十分忘情,引起一些冷嘲热讽。安娜的丈夫，省长卡列宁走进来，也发现有些不妙，便让安娜回家，但遭到拒绝。卡列宁满心不快，但要装得洒脱宽容，于是独自离开，一路上，他发觉自己在猜疑，在嫉妒。对于一位丈夫、一个男人来说，这种感受是最正常不过的。

但他认为：“我是一个高尚的基督徒，不可能有嫉妒的感情。”

于是，他避开了真实感受，认为自己不是嫉妒（感受），而是看到妻子堕落所以痛惜(想法)。作为丈夫,他有义务去指导她,将她从邪路上拉回。

这样一想，他舒服多了，打了一个腹稿，准备和安娜去谈。

第一，说明舆论和礼仪的重要；第二，说明结婚的宗教意义；第三，如果必要，暗示我们的儿子可能遭受的灾难；第四，暗示她自己可能遭受的灾难。

你瞧，这四点就像他的工作报告一样清晰，有条有理，然而我们从中看不到感受，也看不到爱，只有道德和舆论的约束。而安娜是活生生的人，渴望爱情，渴望生活，哪里受得了这种束缚？

深夜，安娜回到家，他们的沟通开始了。

“安娜，我应当警告你（批评）。”

“警告？什么事？”

“我要警告的是，由于轻佻和不检点（评判），你会使别人有理由来讨论你。你和伏伦斯基伯爵过分热烈的谈话，引起了大家对你的注意。”

安娜扳了一会儿手指。

卡列宁继续说：“我承认，猜疑是可耻的。不过，有一些礼法，你要是违反了,就会受到惩罚。今晚不是我,而是大家都注意到,你的行为不太得体。

这从你给大家的印象可以做出判断。”

安娜心想：“他自己倒不在乎，而是人家注意到了，这才使得不安。”

我们来分析这段对话。卡列宁保持冷静，而且大体上也算是就事论事，但是，他没有说出感受，所以安娜就认为，对于这件事，他在乎的首先是面子，而不是感情，并进而认为他是一个“空心人”，一直在摧残她的生命。她想要冲破这虚伪无爱的责任罗网，于是想到了伏伦斯基，心就荡漾起来，充满一种罪恶的喜悦。她的外遇不可避免了。

其实，如果卡列宁能够与安娜推心置腹，真诚地表露自己的感受——愤怒、痛苦、嫉妒，甚至大哭一场，让安娜感受到他的爱，从而愧疚、自责，或许就能悬崖勒马，回归家庭。

三、需要——说出自己的需要和期待

一对夫妻去参加一个研讨班。

妻子说：“我觉得我嫁给了一堵墙。”

丈夫坐在那儿一动不动，真像一堵墙。

妻子气坏了，对咨询师说：“你看，他总是这样，坐在一边，闷声不吭。和他过日子，就像对着一堵墙！”

妻子想要表达的是什么？是看丈夫不顺眼？或许现在是这样，但最初的动机，肯定不是如此，否则她怎么甘心嫁给墙呢？

她真想表达的，其实是：“我感到孤单，你多体贴我一点，多和我说说心里话，好吗？”

但她没有明说，而是拐弯抹角，甚至带点批判：“我觉得我嫁给了一堵墙。”而丈夫听不懂啊，反而觉得受到指责，自然感到委屈：“我哪里像一堵墙，我整天辛辛苦苦，不都是为了想让日子过得好一点吗？”几次以后，他觉得妻子无理取闹，不再辩解，而是选择退缩，变得沉默，真的像一堵墙。双方的关系就更为疏远了。

这样的案例真的很多。

原因是，从小到大，我们一直不被鼓励去表达自己的需要。

小时候，村里大伙儿都贫穷，一点零食都很宝贵，往往是来客人时才拿出来招待。妈妈带我去三婶家串门，三婶立刻把珍藏的糖果塞给我。

我看着鲜艳的糖纸，流了口水，但回头看了一眼妈妈，想到了路上的教导，就摇了摇头，把小手藏在身后。

“我不要。”

“拿着吃吧。”三婶还在客气。

“我不要。”我在违心地躲闪。

“家里有。”妈妈说了假话。

一番推让以后，三婶罢手了，就摸摸我的脑袋，直夸我懂事，又夸家教好。

回家的路上，妈妈继续教导我，虽然家里穷，但要有骨气，别人给的东西不能随便要。

“妈妈，其实我很想吃。”

我在妈妈怀里悄悄地说。想到糖果的滋味，糖纸的绚烂，小小的心里无比遗憾。

这种遗憾一直保留到现在。因为我慢慢长大，也时常不敢说出自己的要求，导致失去很多机会。

而像我这样的情况，现实中数不胜数。

老师作业布置得多了，学生敢怒不敢言，顶多在背后嘀咕、抱怨。而老师却不知道，以为学生欣然接受，下次布置得更多了。

男朋友忘记了某个纪念日，女孩非常失望，但又不直接说。她天真地认为，恋人就该心心相印：“我的需要你天然就该知道啊，还要我说出自己的需要，那多丢人！”可男友粗枝大叶，哪里猜得出女孩的心思呢？于是女孩不满、抱怨、失望。而男友也生了气：“真难伺候！”

马歇尔·卢森堡曾讲过一个实例。

在一次研讨班中，一些女士谈到对表达个人需要的畏惧。他母亲参加了那次研讨班。她突然站起来，离开了房间，很久没有回来。回来时，她脸色很苍白。卢森堡问道：“妈妈，你还好吗？”

“还好，”她回答说，“刚才想起了一件事情，心里极为难受。”

“什么事情？”

“三十六年来，我一直在生你父亲的气，我认为他不在乎我的感受。我终于意识到，我从没有和他说我想要什么。”

卢森堡很震惊，他往回追溯，发现他妈妈也总是委婉地表达自己，而不直接说她需要什么。

为什么会这样呢？她回忆说：“小时候家里极为贫困，只要她想拥有一点东西，哥哥和姐姐就会教训她：‘你知道家里很穷，怎么能这么贪心！你以为家里就你一个人？’于是，她也就不敢说她需要什么。”

看看，她的原因和我如出一辙。所以，在沟通中，能正视自己的要求，并明确地表达，是多么重要啊。而作为沟通方，更要体察对方的需要。

比如说，当女孩说“我生病了，一个人在寝室，很孤单、很难受”，是因为“我希望得到男友更多的关注”。

当我说“东西丢了一地，我不高兴”，是因为“我看重寝室的整洁”。

通过这些思考和发现，我们应该养成这样的习惯，当与别人出现矛盾时，不再指责，而是探究彼此的需要。这样，双方就成了战友，一同寻找办法，去满足双方的需要。

四、提出明确的具体请求

如果葛怡向你抱怨：“你整天就想着学生会工作，一点都不关心我！”你就送礼物以示关心，其实是隔靴搔痒。当然，这得怪她，因为她明明是希望你多陪她，却不明说，导致你误解。相反，如果她清晰地表达“我希望你陪我吃吃饭，去图书馆读读书，在校园里散散步”，你肯定更容易让她如愿。可见，提出明确的具体要求，有多么的重要。

在《西游记》十四回中，孙悟空刚被唐僧从五指山下救出，路遇劫匪，悟空想要显能耐，就将六个小贼全打死了，笑吟吟地向师父邀功，唐僧却说：“你还是闯祸。他们虽是剪径的强徒，就是拿到官司，也不该死罪；你纵有手段，只可退他去便了，怎么就都打死？这却是无故伤人的性命，如何做得和尚？出家人扫地恐伤蝼蚁命，爱惜飞蛾纱罩灯。你怎么不分皂白，一顿打死？全无一点慈悲好善之心。早还是山野中无人查考；若到城里，倘有人一时冲撞了你，你也行凶，执着棍子乱打伤人，我可做得白客，怎能脱身？”

唐僧说了一大堆，悟空为自己辩解：“师父，我若不打死他们，他们却要打死你哩。”

唐僧道：“我这出家人宁死，绝不敢行凶。我就死，也只是一身，你却杀了他六人，如何理说？此事若告到官，就是你老子做官，也说不过去。”

悟空哪里将几条人命看在眼里呢，就说他当年称王称霸的时候，手里不知坏了多少条性命，从来没怕过官。

唐僧就说：“因你没收没管，暴横人间，欺天诳上，才受这五百年前之难。今既入了沙门，若是还像当时行凶，一味伤生，去不得西天，做不得和尚。忒恶！忒恶！”

悟空本是豪气冲天的，见唐僧只管絮絮叨叨，按不住心头火起：“你既是这等，说我做不得和尚，上不得西天，不必恁般絮聒恶我，我回去便了。”于是使一个性子，将身一纵，说一声，“老孙去也！”转眼不见了踪影。

这是一次失败的沟通。本来，唐僧善良慈悲，悟空一心报恩，师徒可谓同心同德，可为什么会出现裂痕呢？我们来分析一下唐僧的话。

他先是责备（“你还是闯祸”），然后说了许多大道理，还随意猜测（“若到城市，倘有人一时冲撞了你，你也行凶，执着棍子乱打伤人”），将悟空的义举，说成了行凶，别说悟空十分不快，就连读者也觉得他是非不分。同时，他一味批评，也没有说明自己的期望。

如果借用非暴力沟通法，我们给唐僧编一些台词，或许悟空听了，会更容易接受些。

“悟空，你没经过我同意，就将这六个强徒打死（观察事实），为师很失望（感受）。虽说这六人并非良善之辈，但在为师看来，出家人当慈悲为怀，扫地恐伤蝼蚁命，爱惜飞蛾纱罩灯，又如何能伤人性命（需要、价值观）？我不管你过去如何，只希望你从此改过自新，在取经路上，一心向善，切不可随意再伤人命（具体请求）。”

你看，这样一来，悟空是不是更能接受呢？

今天的信先写到这里。

希望你能练就这项本领，变得宽容、智慧，对别人、对世界充满温暖的爱。

祝福你。

最爱你的

倪甫清

4月28日

杨略看着信，心里有一种豁然开朗之感。观察、感受、需要、请求，说得多么好，多么契合实际。他与王凯的屡次冲突，不就是因为不懂沟通吗？自行车相撞时，王凯只看自行车，而不来扶他，他特别生气。可真的是王凯的行为让他生气吗？

"我现在明白了，我内心的需要是关爱。我认为，人应该更关爱人，而不是自行车，而他的行为与我的价值观不相符，所以我觉得生气。那我当时该怎么说呢？就该直接地说明白：'你把我撞翻在地，但没有来扶一把（观察），我觉得怪不是滋味的（感受），我认为人比物重要（需要）。'我想，说到这里，不用提请求，王凯如果明事理，应该也会觉得愧疚，进而抱歉，争执之事肯定不会发生了。而我当时责骂他眼瞎，虽然也包含着需要，但效果是什么呢，两个斯文人扭打成一团，真是丢人现眼……"

他又想到了今天在大会堂的矛盾，如果按照有效沟通的方法，他该怎么做呢？他在心里又模拟了一遍："各位同学，刚才大家步伐不太一致，有的快，有的慢，舞台效果不太好（观察），我觉得挺失望（感受）。为了节省排练时间（需要），我们这样好不好，我在下面做手势，一抬手，第一排四个人并肩往前走，我再一抬手，就两两分开，走到两边站住，第二排往前走，行吗（明确的请求）？"

杨略的心里温暖起来，有效沟通的确可以改善人际关系，消除矛盾啊。他把这封信发给了葛怡。因为他觉得，今天的事儿，他的确负主要责任，但葛怡如果懂得有效沟通，就可以将矛盾消除在萌芽阶段。

如果他们都懂有效沟通，那么事情会变成怎样呢？

杨略忽然有了灵感，写了一条微信，把那个场景模拟了一遍，发给了葛怡。

杨略在大会堂里，猛然想起与葛怡的约定，于是赶紧打电话。葛怡是通情达理的，平静地说："你没有准时来，我觉得很难过，因为我很看重约定，而且，今天我还有重要的事情想和你商量。"杨略一听葛怡难过，心里又是愧疚，又是心疼，忙不迭地道歉："我今天也遇到了麻烦事儿，排练演员不配合，我很生气，所以把你的事儿给忘了。我现在赶紧过来，应该耽误不了你的事儿。"葛怡说："那你过来吧，我在湖边等你。"

过了好久，葛怡的信息来了。

"那你过来吧，我在湖边等你。"

杨略不由笑了起来，沉重的阴霾一扫而空。一看时间，才八点，不算太晚。他风一般地赶到湖边，远远地看到亭子里有人站着，暖风吹动她的衣裙。

"葛怡。"

"你来了。"

"你不生气啦？"

"也没什么好生气的呀。"

看着葛怡盈盈的笑容，杨略一时感动，一把就将葛怡拥入怀里，在她耳边轻轻地说："我就喜欢这么温柔的你。"

"你也别动不动发脾气。"

"嗯，我答应你。"

"你爸爸的信我看了，我很认同的，相爱也要有方法，我们一起练习沟通，好吗？"

"一定的。"

他们相拥得更紧了。初夏的风轻轻吹拂，温凉得如同细碎的玉片。过了很久，杨略想到了另一件事。

"你说有事和我商量？"

“对。”

葛怡和杨略在亭子里坐下，说起了自己的计划。现在学校组织暑期社会实践，她想趁暑假里去西部山区支教，目前成员已有了三四个人，都是教育学院的，但她想再召集其他专业的学生，以便给山区学生带去更全面的学科知识。

“支教！”杨略的脑海里浮现出破旧的校舍、小孩饥渴的眼神、简朴的衣着，“好想法！”

“不过，到底去哪儿，我们还定不下来。”

“我想，楚向南能帮上忙。”

“他行吗？”

“他的老家是贵州修文县，那里比较贫穷，而他干爹就是小学校长，你说，这关系多铁啊！”

“怎么还有干爹？”

“我也不知道，据说他们那儿的小孩，为了健康长大，都会认个干爹。”

“就像西方小孩认教父教母吗？”

“兴许是吧。”

他们心里都激动起来，觉得暑假里去贵州，为山区孩子带去新知识，的确是既光荣又神圣的事业。

“杨略，你也一定要去啊。”

“那是必须的。”

“可你一直这么忙，我看你现在都没时间写作了。”

杨略的脸上又一阵发涨。

“是啊，整天瞎忙。”

“你干脆退出几个社团吧，活动太多，贪多嚼不烂呢。”

“可我半道离开，部门里的那摊事可怎么办呢？”

“别把自己看得太重要，你只是个新生，学生会离开你就不转啦？”

杨略嘿嘿一笑，的确，今天王凯他们瞧不起他，不就因为他还是大一小学弟吗？

“那我怎么跟老师说呢？”

“用你的有效沟通法喽。”

“得嘞！”

第二天，杨略早上趁着没课，走进了校团委的办公室，在李子墨面前，鼓足了勇气，把心里话说了出来。

“怎么？遇到点小挫折，就准备打退堂鼓了。要知道，大一新生，就能当上外联部的副部，这可不是件容易事儿。到了下学期，凭你的能力，完全可以竞选正部，我还打算把你培养成学生会主席呢。”

李子墨的一番话，无疑是有吸引力的，让杨略既感动，又迟疑。

“李老师，我加入了好多社团，除了学生会，我还是话剧社、文学社的成员。事情一多，我就吃不消了。昨天我和演员们起冲突，也是因为心里着急。所以我就想，一个人的时间和精神有限，应该放在更适合自己的位置上。我一直喜欢写作，所以就想在文学社和话剧社里好好干，这也是发挥特长嘛！”

李子墨微笑地听他说完，不时地点点头。

“小伙子，有想法，我支持你。放心，你的位置会有人顶上的。对了，说到文学社，最近校园里心理问题频发，我们围绕大学生心理问题，要举行一个文学大赛，内容包括小说、话剧，估计还要办一个话剧比赛，截稿日期估计在 9 月份。你要发动大家投稿啊。”

杨略答应着，走出办公室，面对透蓝的天空，顿觉身轻如燕。原来，有效的沟通，可以让纠结许久的事情变得如此简单。

第四章

绝大多数情况下，选择合作双赢模式来化解冲突是最好的方法。但在现实生活中，很少有人选择这种模式。因为很多人缺乏洞察力，习惯于竞争，遇到事情，顾不上寻找两全之法，先想到“我对你错”，最后一定要“我赢你输”。如果情绪失控，三两句不合，就怒火冲天，剑拔弩张，更让冲突螺旋式升级。

虽然寒假还没结束，但除夕一过，校园里就敷了一层薄薄的春色。白玉兰冒出了许多小毛球，草丛悄悄换了一批嫩绿的新叶。墙角的几树红梅上，已酣睡着许多花蕾了。

校园里匆匆走来一个健硕的男生，浓眉、塌鼻子、宽嘴、下唇外翻，深陷的眼窝里，射出毒毒的光芒。他斜挎的单肩包重重垂挂着，似乎里面藏着极重的东西。

他走进满是爬山虎的宿舍楼，从传达室门口一闪而过，走到317宿舍门口，刚要推门，却又站住，想了一会儿，转身走到楼道中间，打开杂物间的小门，把单肩包里的东西取出来，小心地放在角落里。灯光下，那东西方头长柄，闪着黑亮的光泽，是一柄石工锤，木柄已被锯短了。收拾停当，他才回到宿舍。

"马如龙，你回来啦？"

说话的是李向唐。他本来住校外，这两天学校还放假，宿舍很空，就住到317宿舍，正开着电脑，闲来无事，就玩他心爱的《帝国时代》。

马如龙将空包往桌子上一撂，心里头暗自嘀咕："他怎么来了？碍手碍脚的。"嘴里却问："肖杰呢？"

"他啊，在隔壁打牌呢……"

一听到"打牌"两个字，马如龙的脑子嗡了一声，一股热血涌上来。他将拳头捏得紧紧，感觉到浑身肌肉都紧绷了。就在前两天，马如龙和肖杰等几个同学在打牌时，肖杰手气不太好，心里有些不爽，就说："马如龙，你作弊了吧？"

"谁作弊啊？"

"要不然你能老是赢？"

"我是运气好。"

"运气好？"肖杰忽然发出一阵讥嘲的怪笑。

马如龙是个暴脾气，而越是生气，就越是笨嘴笨舌，被那阵怪笑激出了一股怒火，就猛地站起来。肖杰也变了脸色，但马如龙浑身一疙瘩一疙瘩的肌肉，动起手来，自己可不是对手，所以只是讪讪地说："哟，还恼羞成怒了。"另外两个牌友赶紧拉住马如龙："多大点事儿，别闹了，好好打牌。"

肖杰依然觉得有失面子，就一边理牌，一边说："没想到连打牌你都玩假，人品太差了，难怪龚博过生日都不请你……"

肖杰、龚博和马如龙都来自广西农村，大家同窗学习、同宿舍生活了四年。想当年，马如龙从乡间来到城市，穿着老土、面容丑陋，在城里人面前总觉得矮了一截。所以，他和这几个家庭背景相似的同学比较合得来，平常也十分看重与他们的关系。但他万万没有想到，自己在肖杰、龚博眼里，竟然是这样的形象。

又玩了几把，他实在没了心情，就让了位，独自躺在床上，翻来覆去，想到了以前的许多次矛盾，他都忍气吞声，谁想，这些人还变本加厉了。于是，他越想越气，最后居然想道：瞧不起我，我要让你们付出代价……第二天，他就去买了一柄石工锤，准备向肖杰下手。

可李向唐在这儿呢，显然是个障碍。

"……干脆，一不做二不休，他也没少嘲笑我……"

马如龙转身出去，从扫把间取出石工锤和塑料袋，又悄悄走进宿舍。夜晚的宿舍楼，除了隔壁的打牌声，一切都是安静的。李向唐戴着耳机，正醉心于游戏之中。

马如龙将宿舍的门反锁了，走到李向唐的身后，看着李向唐的后脑勺，心里怦怦地跳，慢慢举起了锤子，忽然一阵惊乱："我这是在做什么？我真的要动手吗？"他的手臂有些颤抖。

就在这时，李向唐似乎察觉到异样，转过头来。马如龙有种真相败露的慌张，脸上肌肉扭曲，咬紧了牙齿，将锤子一挥而下，沉闷地砸在李向唐的头顶。李向唐受了这样的重击，脖子似乎缩进了一截，惊恐得眼珠子都要迸出眼眶，嘴里含糊不清地说着什么。马如龙心里害怕至极，几乎是无意识地举起锤子，一连几下，都重重地砸在李向唐的头上。可怜的李向唐趴在键盘上，已翻了白眼，头顶、嘴角都淌出了黑红的血，整个人不停地抽搐。

马如龙颤抖着手臂，感觉口干舌燥，无意中往边上一看，惊得差点瘫软下去。他忽然发现有个人正定定地看着他。稍微回过神来，这才意识到，那是窗玻璃的反射。"居然，居然忘了拉窗帘！"尽管他们在三楼，楼外是一片草坪，还有几株高大的棕榈树，肯定不会有人窥视。但他还是踉跄着走过去，将窗帘紧紧闭拢了。

这点小插曲过后，他好不容易平静下来。他拿出厚实的黑色塑料袋，将李向唐的脑袋扎紧，又用胶带纸缠了几道，确保不会有血渗出。他打开自己的衣柜，费力地将尸体塞进去，盖上几件衣服，再关了衣柜，上了一道锁。这些都是他计划好的。随后，他又拿了毛巾，将键盘和地上的血迹仔细地擦净，并关上电脑。

他站在宿舍里，往四处一看，一切都恢复正常。刚才血腥的一幕，似乎完全没发生过。

杨略读到这里，眉头皱了一阵子。下文中，小说人物马如龙又用同样手段杀了三个人，并藏尸匿迹。

一周前，杨略拿到了李子墨征文比赛的消息，就想到楚向南，于是拿起了电话。

“向南，你写一篇校园心理的小说呗。”

“小说……我行吗？我可只写过一些酸短文啊。”

“怎么不行，先写写看嘛。”

“好，我写一篇，你帮我指导指导。”

楚向南也觉得这是好选题。就在之前一周，附近两所大学相继出事，先是有男生失恋跳了楼，又有女生情变被男友用刀捅伤，因为有视频流出，所以在网上引起轩然大波，大学生心理问题再次引起重视。校园为此举行征文比赛、话剧会演也是极有意义的。

楚向南琢磨来琢磨去，没有选择近期的事情，倒是选了许多年前震动全国的校园锤子杀人事件，花了大约一个星期，初稿写好，然后修来改去，总算完成了，但很不自信，立即拿来给杨略看，心里头还惴惴不安。

一看到杨略皱了眉头，楚向南立即紧张地问：“你觉得怎么样？”

“向南，写得是很不错。不过，你看看这一段，”杨略在“瞧不起我，我要让你们付出代价”一行字上打了一个大大的问号，“我在想啊，马如龙因为打牌被冤枉，就能拿起锤子，一连杀死四人？这不符合常理啊。”

听到杨略的质疑，楚向南小心翼翼地回答："我查了当时的记录，就是这样，或许，马如龙就是穷凶极恶吧。"

杨略还是摇摇头。

"我也看过资料，他平时表现很正常，不像个杀人狂魔。"

"肯定是有心理问题。"

"那这心理问题的成因，又是什么呢？"

"穷，自卑吧。"

"自卑心理怎么才会演变为杀心呢？向南，如果你把这一点挖掘出来，小说就成功大半了。"

楚向南眼中露出兴奋的光彩。

"说得真对，我知道怎么写了。杨略，谢谢点拨。"

"咱们还说这个？"

楚向南走后，杨略站起身来，走向窗口。已是春日的深夜，几天的东南风，将空气洗得十分洁净，能望得见湖边整齐的街灯。而前几天，因为雾霾的遮挡，眼前只有一片模糊的红光。

他打开窗户，闻到春日独有的气味。灯光照亮了窗外的一树樱花，以及地上洁白的花瓣。旁边是一株海棠，细嫩的叶片中间，结满了粉红的花蕾，有几朵已悄悄地绽开，露出羞涩的花丝。

杨略忽然想到，十几年前，马如龙杀人的那夜，应该也有让人沉醉的春风。可谁能想到，那里竟会发生血案呢？而自己的身边，甚至是他自己，会不会也隐藏着暴力呢？

自从失败的相亲后，杨伊雪忽然无法容忍以往的生活了。

她绝望地发现，这些年里，一天天，一周周，一月月，一年年，她的生活一成不变。每天同一时间起床，出门，到办公室，工作是那样琐碎、繁杂，她像个流水线上的机器，不停地做着重复性劳动，不需要脑子，更不用说什么创造性。

她不敢相信，她就是这样死气沉沉地熬过了五年，她最珍贵的五年。她的同学中，有人用五年时间来奋斗，在公司里升到主管；有人用五年时间恋爱结婚生子，照片上一脸幸福知足；有人做了杂志记者，用五年时间，行走了许多名山大川。这些世俗的成就，她以前都不在乎，现在却触痛了她的心。他们都做着喜欢的事情，而自己呢？

她陷入了普遍的困境：不满于现状，却又不知走向何方。教务工作她已做得纯熟，但绝非自己所好。写作是她所喜爱的，但记录的都是小女子的琐碎心事，孤芳自赏尚可，根本拿不出手，可以将它当作自己的方向吗？

何去何从呢？她翻阅了许多书籍，但找到的都是大而化之的空话，与自己是不相干的。于是想听听别人的意见。爸爸是指望不上的。况且，上次相亲她放了马永荣的鸽子，爸爸嘴上不说，但内心定然是生气的。她也不想把窘境告诉同学或同事。一番筛选之后，唯有哥哥杨克文是最佳人选。他毕竟是骨肉至亲，又在外面闯荡多年，阅历丰富，视野开阔，应该能给她些建议。于是拨通了电话。

杨克文听完了她的陈述，颇觉意外。他的想法和爸爸是一致的，女孩子找到稳定工作，足以安身立命，便不应该好高骛远，无事生非了。他是个性情温和的人，虽然心里坚决反对，但还是会晓之以理的。

“小雪，你也知道，如果给你做职业规划，首先得弄清你能做的事情，然后在当中找喜欢的。你能做什么呢？你只有专科学历，想转岗做老师，基本上是不可能。另外，你也没什么社会经验，到外面去也没有优势。你前面的路，目前看来只有一条。既然干了五年教务员，都轻车熟路了，别管喜欢不喜欢，都一直干下去。学校里是讲究论资排辈的。再熬几年，你的资历老了，当个处长副处，或是到系所里做个书记，也不是难事……”

杨克文还说了许多，概括起来，就是让她维持现状，再找个人嫁了，相夫教子，善莫大焉。如果还有空闲，就发展点业余爱好，写作啦，十字绣啦，看电影啦，反正有的是办法来打发时间。

杨伊雪不能否认，哥哥的分析很到位，可建议很稳妥，宛如一口石棺，结实稳重，可以容她静卧，无风无浪，慢慢熬成木乃伊。也许大多数人的日子，都是这样过的。

“可我真的不想这样下去了。”

“那你想怎么样呢？”

“我还不知道，但肯定不是这样。”她想说的是，“我想要丰盛、怒放的生命。”但这话哥哥听得懂吗？

“小雪，你不要任性！”

杨伊雪的心一下子缩紧了。任性？这么多年了，她独自活着，向谁去任性过？哥哥一直在杭州奋斗，除了为她支付过学费，并没有多少心灵上的庇佑。啊，任性，多么奢侈的字眼，除了妈妈，这个世界上，又有谁能容得下她的脾气？

“我不是任性，只是想改变。”

“可改变是需要代价的。”

当时，杨伊雪并不懂得这句话的含义。她有些毅然决然，只要能摆脱这种死寂的生活，任凭什么代价，她都愿意支付。但她没有想到，她要付出的代价，远远超出她的承受能力。

接下来的日子里，杨伊雪依然每天坐在办公室，操纵着鼠标，处理着无穷无尽的事件，脑子里却晕乎乎地飞驰，脾气也随之变坏了。有时许文将任务交给她，诸如做一份文件，填一份汇总表等。她也不吭声，将材料接过来，啪地往桌子上一拍，倒把许文吓了一跳：“小雪，你怎么了？”

杨伊雪一脸茫然地看着她：“没怎么呀。”目光空洞洞的，看得许文心里发毛，倒不敢再去打扰她。办公室里原有的微妙默契，就此被撕裂了。许文自觉失了权威，但又不好明说，就暗暗地向别人数落她的不是。

杨伊雪清闲了些，但依旧是木木的。她原本话就少，现在更是默然无语，只是感觉身体里有一股气，不知什么时候就横冲直撞一下。有时拿玻璃杯喝水，那股气冲到手上，她会忽然发力，似乎要把杯子捏碎。有时走到窗口，俯瞰楼下青草，也会有往下跳的冲动。

她就是想做些事情，激烈些的，暴力些的，甚至带点血腥味儿的，把束缚已久的那股子野性尽情释放出来。

这一天，教务处安排杨伊雪去听课。她茫茫然地坐在最后一排。课程是《西方艺术史》。老师是一位中年男子，光头蓄须，正在介绍投影仪上的一座雕像——贝尼尼的《圣德列撒祭坛》。

她一看就入迷了。雕像上是一位白袍少女半坐在岩石上，双手撑住身体，恍惚地闭着眼睛，在半梦半醒之间，天宇中射下万道金光。一位生着翅膀的天使，正拿利箭要去刺她。少女微微张开嘴唇，轻声呢喃，表情既痛苦又陶醉。

老师的解释是："在雕像中，德列撒表情既快乐又痛苦，这是精神信仰的力量。"

杨伊雪也觉得，德列撒的迷醉源于心灵和神的相通。她沐浴在金光之中，一切劳累、怨恨、罪感，一切沉重的坠子，都化为轻烟而去。身体熨帖了，酥软了，轻灵了。长袍在风里飘摆，化作浮云，托起她，离开凡尘，向那崇高的灵的世界飞驰。

杨伊雪忽然希望自己就是德列撒，虽然孤独地行走于大地上，但可以沐浴在爱中。在那一瞬间，她与世界没有藩篱，一切相互融合，可以自由来去。

她心中热热的，几乎要垂泪。再看课件上的其他作品，鲁本斯的强悍热烈、弗美尔的纯朴庄严，都让她十分心动。其背后似乎隐藏着更高的旨意，她依稀感觉到了，心里满满的、痒痒的，却说不出来。

听完了课，她走出教学楼，眼前的一切让她震惊了。空气里荡漾着四月的春光，有无数柔软可爱的精灵，蹦跳过来，钻进她的衣服里，带起一股柔风儿，触到她的心，酥酥的，有种难以言表的愉悦，几乎让她蹦跳起来，奔跑起来。她脚步轻捷，穿行于透明而清冽的空气，又在一棵海棠树下站住，细细地看，只见花瓣从青绿的叶簇中探出头来，娇怯的粉红色中，吐出鹅黄的花蕊。

啊，这都是大自然的作品，精美绝伦而又无以言表。

她驻留很久，仿佛从未看到过这种神奇。是的，她一直都生活于自己的内心，从未打量过这个世界。当她的目光从海棠花中移出，看到四处，无论树、草、建筑，还是人，都染上了动人的明媚。

她漫游了一阵，心境无比开阔，走到办公室，更加发现了这里的狭窄、阴暗、凌乱，她硬生生将自己庞大的思绪塞进去，就觉得压抑胸闷。幸好下班了，她走在路上，万千心思聚集于一点：去考研。

既然改变势在必行，那么考研就是唯一的出路。想想看，可以重新回到校园，多几年自由的时光，在午后的阳光里悠然读一些书，偶尔去美术馆看名家的画展，思考一些玄而又玄的问题，都是多么惬意的事情。至于毕业之后的事情，她还没想那么远。

“总不会有问题的吧。”

她将想法告诉了哥哥。

“考研？”杨克文的声音透出几分诧异。

听到哥哥的反应，她心里有一丝快意。

“我想考美学研究生。”

“美学？是美术吗？你学过画画吗？”

“美学就是……研究美的学问，包括绘画、戏剧、诗歌，嗯，建筑、音乐也可以算在内。”其实她对此也不甚了然。

“你能做些什么呢？”

“就是多读一些书啊，再跟导师做些研究。要做到能听得懂音乐，看得懂名画和话剧。此外，我还要多写点东西……”

“你是在职读吗？”

“不是。”

“你是辞职读书？！”语速一快，杨克文的话就成了一柄钢刀，呼呼地扑面而来。

她本想说：“是的。”但这两字弱不禁风，于是话到嘴边，又换成了：“没错！”一用否定词，说话就有了力度，招架住了来势汹汹的钢刀。

“这太不现实了！小雪，你有没有想过，你现在多大了？”

“这和年纪有什么关系……”

“那我给你算笔账。你今年报名，明年考试，就算能顺利考上，得读个三年吧？三年后你多大？都要三十了，这个岁数的女性要结婚，要生孩子，会遭到就业歧视的，你懂不懂？再说了，现在研究生多了去了，毕业上哪儿找工作去？别的不说，就说你现在的工作吧，不知道有多少研究生眼红呢。别不知足！”

这席话切中要害，也正触到杨伊雪的痛处。她的脑子里嗡嗡作响，一腔怨气喷涌而出。

“可你能体会我的处境吗？整天做着琐碎无聊的工作，一天天地浪费生命。以后就算做到处长，做到校长，那又怎么样？我就是不喜欢。我为什么不能去追求喜欢的生活呢？”

杨克文沉默了许久，语气和缓了：“小雪，谁不想过自己喜欢的生活？可现实就是现实，生存永远第一！人可不能光想着自己，我们还有责任！”

杨伊雪知道，哥哥这些年在杭州的确不易，在杂志社工作多年，工资微薄，还时常要贴补爸爸和自己。好不容易自己毕业了，爸爸也能自给自足，他负担减轻，终于存下了笔钱，按揭买了套二手房，花去全部积蓄不说，还欠了银行一大笔债，靠那点死工资，恐怕没个十几年根本还不清。前几年有了孩子，丈母娘又多病，隔三岔五得住院，费用大半由他承担。房奴、孩奴、老奴，全当上了。为了养家糊口，他辞掉工作去炒股，搞外贸，做房产营销，什么来钱就做什么，终年东奔西走，才 36 岁就开始谢顶。

对于哥哥，她无比感激，而且有些歉疚。但对他的生活，她并不认同。什么叫责任？一辈子当牛做马，满心焦虑，却过不上一天舒心日子，这就是履行责任？若是如此，人生又有什么意义呢？

“哥，你不用多说了。我只是想歇几年，想一些问题，想通了，就会去工作。你别担心了。”

杨克文自觉与她无法交流，就叹了口气，把电话挂了。他们为数不多的精神交流，就此不欢而散。

“我该怎么办？”

杨伊雪十分孤独，她没什么朋友，如今和家人又闹别扭，于是只好来找杨略。现在，只有这个小弟，让她觉得还有亲情的温暖。和上回一样，她给杨略做了饭菜，在饭桌上，伊雪说：“我准备去考研了。”

“这是好事啊。”杨略啃着一只鸡翅，满嘴都是油腻。

“可必须辞职才能考啊。”

“哦，那是有点风险。姐，你工作好好的，为什么要辞职呢？工作不顺心？”

“是，也不是……”

“那主要是为什么呢？”

“一两句话也说不太清楚，你先吃菜。”杨伊雪趁着夹菜的时间，整理了一下思绪，“……我就觉得，一眼看到头的活法，挺没劲的。我现在就想改变一下。”

“你就具体说一说嘛。”

杨伊雪就把之前如何相亲，如何觉得烦闷，如何产生考研的念头，以及和家人起的冲突，都简要地述说了一遍。

杨略毕竟年轻气盛，一听这些话，立刻产生了共鸣：人就该把命运掌握在自己手里呀！他也知道，教务员的工作无聊而琐碎，一遍遍的重复性劳动，实在是令人生厌的。

“那你想好了？”

伊雪点点头，往杨略的碗里夹了一块肉。

“我干完这学期，就辞职。然后专心备考，明年一月考试……”

有一句话在杨略喉咙里搁了许久，但终于还是说了出来。

“万一考不上呢？工作也没了，到时候怎么办？”

伊雪迟疑了很久。

“我没考虑那么多。可能，也不需要想那么多吧。”

话很抽象，杨略就没法往下接了。

“现在伯伯和你哥都不同意吧？”

“是啊，难就难在这儿。一个人做事，还非得别人同意……”

“硝烟弥漫吗？”

“嗯。”

这个大难题，对于杨略来说，当然是难以解决的，于是，他告诉了爸爸。很快，爸爸的信就来了。

第四课　人际冲突的解决

杨略：

见字如面。

上次和你说过的复旦大学投毒案，现在已经宣判，虽说恶有恶报，可我心里依然堵得慌。是啊，这些可都是名校学生，前途无量。他们曾经历过层层艰难的选拔，却因不能处理人际冲突，以至于伤害人命，走向不归之路，这不能不让我扼腕叹息。

就在这时候，你和我说伊雪和她爸爸哥哥的意见冲突，我就更感慨了。其实，人际冲突到处都有啊。

所以，今天我们很有必要谈一谈人际冲突及其解决。

一、人际冲突无处不在

法国作家萨特在名剧《禁闭》中写道："他人即地狱。"这句话虽然有些偏激，但也形象地说出，人际冲突无处不在，不可避免，几乎可以说：有人的地方，就有冲突。

什么是人际冲突？

有人定义曰：两个相互依赖的个体，在实现他们目标的过程中，其中一方察觉到彼此目标的互不相容、资源的不足和来自另一方的阻挠，并通过斗争的形式表现出来。

社会学的定义永远如此，严谨，枯燥，费解，耐人寻味。我们就来举例讲解一下。

你和表姐朵朵在一起看电视，朵朵很想看一个电视剧，你却想看足球比赛的转播。

"姐，你让让我吧，你的电视剧可以看重播啊。"

"那你的比赛不也可以看重播吗？"

"球赛就得看现场直播，明天都知道比分了，再看比赛，那多没悬念啊……”

“可我也想马上知道剧情啊……”

你们俩都清楚地知道双方的愿望，但是却不愿意相让，于是产生冲突。

“姐，你太自私了。”

“你才自私呢。”

“那谁都别看了，做作业去。”

于是不欢而散，双方都看不成电视了。

从这个小例子里，可以看出冲突的各个元素：

（一）斗争：两个人察觉到意见不合，于是各执己见，冲突就产生了。

（二）互不相容的目标：朵朵看韩剧，你就看不了球赛；你看了球赛，朵朵就看不了电视剧，所以不能相容。

（三）资源不足：只有一台电视，而且时间重叠。

（四）互相依赖：虽然你和朵朵处于冲突中，感觉到对立，其实你们互相依赖，生活在一个屋檐下，否则也无所谓冲突了。因此，解决冲突的第一个步骤，就是有“我们同舟共济”的态度。

冲突是很常见的，不管多么亲近相爱的人，当彼此的想法、行动、需求或目标不相符时，就有可能发生冲突。比如你与葛怡一起过周末，你想骑车去西湖群山，她想去看电影；你喜欢听重金属摇滚，而她乐意听古典钢琴曲……人际冲突的数量和种类是无穷无尽的。

人际冲突的坏处是不言而喻的，争吵、抵触、争论、斗殴、战乱、暴力，都与冲突有关。不过，凡事都有两面，冲突其实也有好处。只要掌握良好的沟通技巧，就能通过冲突来了解彼此的想法、爱好和需求。

而且，通过适当的冲突，我们可以展示自己的需要，明确自己的底线，这样才能为自己而活，也获得别人的尊重。比如，灰姑娘在继母的威逼下，没有正面冲突，却一点点失去地位，不能在餐厅里吃饭，要到厨房里做女佣；脱掉了漂亮的衣裳，换上灰色旧外套；被迫干着艰苦的活儿，每天天不亮就起来担水、生火、做饭、洗衣；还要忍受姐妹对她的漠视和折磨。

而简·爱则个性强硬，在受到表哥表姐们的欺负后，虽然势单力薄，却与肥胖的表哥斗了一次，挽回了尊严。保尔·柯察金也是通过打架，捍卫自己的人格，从而获得了冬妮娅的芳心。

面对关键问题时，我们应该掌握一些技巧，通过冲突更深入地了解彼此，也认识到自己的错误，从而有利于关系的和谐，以及问题的解决。

那么，怎么样来处理冲突，才能促进感情，解决问题呢？

二、冲突的五种类型

嫣然在西安建筑工业大学读土木工程，这自然是个前途极好的专业。然而她却迷恋写作，完成了不少短文章，正努力写一部长篇，在网上连载。如此一来，不免影响了正业。于是，和父亲就出现矛盾了。

“不是我说你，好好的土木工程不学，偏去写小说。你说，写小说的那么多，有几个能成功的？”

“可我就是喜欢。”

“你就是太任性。要是写的小说没人看，土木工程又没学好，我看你以后靠什么吃饭！”

其实，嫣然也一直有这个担忧。毕竟，她写了好几年，短文章四处投稿而回应寥寥；长篇小说在网上连载，点击率却不高。这令她十分苦恼：是才华不够，还是因为没有知名度，引不起编辑的兴趣？以后要是心无旁骛，只顾写作，到头来却证明自己没有才华。那时的自己一无所有，会不会凄凉得很？

但在父亲的质疑之下，她热血冲顶，却爆出一句：“你根本不了解我。”

就这样把电话给挂了。

这个情景里，出现了所有的冲突元素：（一）斗争：嫣然和父亲意见不合，各执己见。（二）互不相容的目标：父亲担心嫣然沉醉于写作，就耽误专业。嫣然觉得如果不写作，就会很失落。（三）资源不足：嫣然的大学学习时间是有限的。（四）互相依赖：他们是父女，是最亲近的人，父亲担忧着女儿的前途。

这里有五种办法来处理嫣然和父亲的冲突：

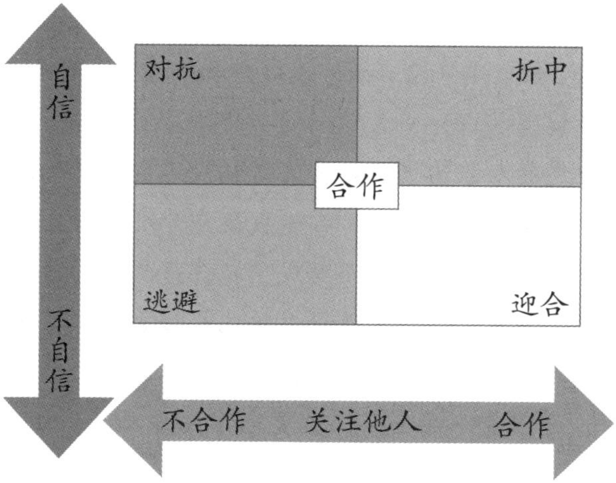

（一）逃避（双输）

如果嫣然不再和父亲谈这件事，而父亲也对此不闻不问，放任女儿自生自灭。这时他们采用的方法就是逃避。虽然表面上看,他们没有再争吵,得到了和平，但问题并不会消失，而且父女关系会变得冷淡。

选择逃避的人既不关心自己的目标能否达成，也不关心与他人的关系是否良好，做法倾向被动、不果决，也不会主动与他人合作。发生冲突时,他们最常见的反应方式是冷淡、保持缄默、不发表任何意见，因此，他们不但不能达成自己的目标，也无法与他人维持和谐的人际关系。

当然，回避有时还是很有用的，尤其当双方情绪激动时，这么做有降温的效果，可以让双方冷静下来，恢复理性思考；或者是你觉得你们的关系不重要，冲突解决与否不重要，此时，就可采用此法。

比如给爷爷过70岁生日，爷爷念念叨叨，说太铺张浪费。这时，你应该选择逃避，把话题引到喜庆的祝福上来，以免破坏生日的气氛。在街上遇到一个满是火药味的人，一点鸡毛蒜皮的小事，就闹得鸡犬不宁，这时，你不如认个怂，逃避了事，免得争吵起来不可收拾。

（二）对抗（一输一赢）

“我就是要写作，你们别管我，以后穷死饿死，都是我自己的事。”嫣然歇斯底里地说。父亲也被激怒了，他一拍桌子:“你要是不好好学土木工程，以后的学费、生活费全部停掉！”

这时，他们采用了对抗。尤其是父亲，以经济控制相威胁，这样有可能逼迫女儿服从，但长期来看，很可能双方都是输家，因为女儿愤懑于心，容易导致关系破裂。

所以，对抗型的人只追求满足一己之私，而不管他人，为了争取胜利而不惜攻击、侵犯与伤害他人，常常造成敌意升级。而且当人们用此心态报复，会连冲突的初衷都遗忘，而变成“我就是要赢”的输赢之争。

当然，如果事关重大，那么选择对抗也是必要的。比如孔子在夹谷之会中，因为事关国家利益、国君尊严，所以并不退让，勇敢对抗，不仅维护了国家尊严，还不费一兵一卒，就要回了大片土地，让鲁国极感荣光，孔子也从此奠定了威望。

（三）迎合（一输一赢）

“爸，我听你的，以后不写了。”嫣然看着未完成的书稿，就像夭折了的梦想，沉痛地叹息一声，翻开土木工程力学的教材，心里却一阵阵的抽搐。

这时，嫣然就在迎合。迎合型的人通常不果决，合作性较高，他们最常使用的策略是顺从他人的要求，一味屈从对方，满足对方需求，将对方需求看得比自己还重要，以免招致他人的责备或反对。但是，他们往往忘记了自己到底想要什么，此生为什么而活，这无疑也是可悲的。

当然，在工作中，老板有急事让你立即出差，你虽然心中不乐意，但也最好选择“迎合”。此时，没有异议，往往是最聪明的回应，否则会影响职场升迁。

（四）折中（部分双输）

“爸，那我每天都去上课，认真地学土木工程，然后抽点时间写小说，两边都不耽误，好吗？”

“也行，只要专业课不落下，你爱写什么就写什么。”

折中型的人达成自己目标的企图，并不像对抗型的人那样强烈，同时也不会像迎合型的人一样完全放弃自己的目标，以满足或顺应他人的要求。他们往往希望双方都牺牲某些权益，以换来双方都不是最满意但能达成共识的结果，这是一种小输小赢的策略。这个方法用得很多，比如在商场里买衣服，和店主讨价还价时，选择“折中”是上上之选。

（五）合作型（双赢）

“嫣然，你可以利用暑假，好好写一写小说，检验一下自己的才能。我虽然不是学文学的，但毕竟经历了不少，也可以给你提供故事啊。”

“爸，你太好了。土木工程我会认真学，现在不是有人既做建筑设计，又以小说出名吗？我也想尝试一下。”

合作型的人不但关心自己目标的达成，同时，也关心与他人维持良好的人际关系，他们愿意用开放、平等、客观的态度来沟通，澄清彼此差异，共同思考如何解决问题，这样往往不仅能找到彼此都满意的问题解决方法，还能使双方关系更进一步发展。

三、建设性处理人际冲突的技巧

绝大多数情况下，选择合作双赢模式来化解冲突是最好的方法。但是，在现实生活中，很少有人选择这种模式。为什么呢？

原因之一，是缺乏洞察力，习惯于竞争，遇到事情，顾不上寻找两全之法，先想到“我对你错”，最后一定要“我赢你输”。

原因之二，是容易情绪失控。三两句不合，立即怒火冲天，缺乏冷静思考的能力，只顾剑拔弩张，更让冲突螺旋式升级，最后不可收拾。

先看几个小案例：

A. 室友熬夜打游戏，屏幕的闪光、鼠标的点击声、按捺不住的轻声怒喝，吵得小豪难以入睡。小豪正准备考研，时间宝贵得很，平常都是六点即起，十一点才睡，十分需要高质量睡眠，可他偏偏遇到了这样的室友。怎么办呢？提醒室友？多次提醒无效，反而被冷嘲热讽了一通。换寝室？那得层层审批。于是，小豪陷入愤懑而无奈之中。

B. 小洁大四报考公务员，一天和闺密闲聊，忽然发现，她也报了同一个岗位。可那岗位只招一个人呢。而且，闺密明明知道小洁要报考，为什么非得来竞争呢？小洁不好明说，但心里却不是滋味。

C. 熊莹是班长，常常要和辅导员打交道。辅导员人很热心，但做事没章法。约好一点和他商量事情，但他手头事情一忙，就让熊莹等好久。这种情况时常发生，熊莹心里着急，觉得白白浪费时间，却又不好说什么，于是只能背地里嘀咕，一听到辅导员召唤，就情不自禁地抱怨。

要想解决这些冲突，我们要完成如下步骤。

第一步，澄清并界定问题。了解双方冲突的焦点是什么？先学习“对焦”，倾听了解双方对问题的看法，才知道该如何处理。

A. 室友熬夜打游戏，影响小豪休息，其冲突焦点是小豪睡眠受干扰。

B. 小洁和闺密报考了同一岗位的公务员，冲突焦点是两人形成竞争关系。

C. 熊莹和辅导员的冲突焦点，是辅导员做事没章法，浪费了学生时间。

第二步，找出彼此的需求或愿望。知道问题的症结后，还要能够了解彼此的需求或愿望，才能找到令双方满意的解决方法。

A. 室友想打游戏消遣，小豪想保证睡眠。

B. 小洁和闺密都想考公务员，也想保持友谊。

C. 熊莹想要效率，辅导员想要谈事。

第三步，直接描述问题和需求。当对方不了解你为什么沮丧及你需要什么时，他不可能满足你的需求，所以，这时，把你的问题尽可能说清楚，传达一个完整而正确的信息是十分重要的。

A. 小豪：“我有一个问题，就是你连续三天晚上玩游戏一直玩到三四点。当我听到键盘和鼠标的声音，看到屏幕的闪光，就不太容易睡着。你知道，我现在正准备考研，时间很紧张，每天起早摸黑的，睡眠质量不好的话，我就很焦虑。所以，我希望你能早点休息，这对你的身体有好处，我也能保证睡眠。你看，我们偶尔还能对打一盘，我也放松放松。好不好？”

B. 小洁：“有一件事挺困扰我的，你和我报考的岗位重叠了。所以，如果以后我们都进入面试，就成了竞争对手，我怕这会影响我们的感情。我是很珍惜你这个朋友的。不过呢，考试全凭实力，那也没话说。我只希望，不管结果怎样，我们都是好朋友，要为彼此祝福，好吗？”

C. 熊莹：“老师，我刚才在这儿等，您一直在忙，可我也挺忙的，所以心里挺着急。能不能这样，您先把要和我说的话都说完，然后您再忙别的，这样两不耽误，行吗？”

第四步，达成共识。双方经过沟通，用头脑风暴法，一一列出所有解决方法，然后讨论各个方法的优缺点，找到一个两人都同意的方法后，再加以实行。

A. 小豪和室友的共识，就是保证后半夜的安静。有空闲时，两人可以一起玩，增进感情。

B. 小洁和闺密的共识是，如果时间允许，可以换一个岗位填报，如果时间不允许，那就相互祝福。

C. 熊莹和辅导员达成的共识，就是先处理需要两个人共同完成的事情，然后再各自去做独立完成的任务，以此来节省总体时间。其实，辅导员也很感谢熊莹的提醒。

总之，要抱着合作的心态，根据前述解决冲突的四个步骤——面对冲突，接纳冲突，处理冲突，放下冲突，才是解决冲突最直接、有效的方法，也才能营造温馨、和谐、优质的人际关系。

今天先写到这里吧。对了，你可以把这封信交给伊雪，让她自己去处理和爸爸哥哥的冲突吧。

祝福你。

深爱你的
倪甫清
5月6日

杨略看完，就把信件打印出来，专程送给了杨伊雪。伊雪拿到了信，认真地看了一遍。

“谢谢你，还有你爸爸。”

“不客气，有空来我家玩，我爸也总念叨着你呢。”

可惜，一连过了许多天，杨伊雪也没有来，不过却与她哥哥去商议了，结果就是，用业余时间备考，如果考上就去读，考不上则继续上班。然而，一个意外事故的发生，虽然让伊雪颇受打击，倒也坚定了她的选择。

6月就进入了考试周，教务处照例是一片忙碌。早上杨伊雪刚走进办公室，就见许文放下电话，腆着肚子叉着腰，冲她就嚷嚷上了。

“杨伊雪，你是怎么排的考场？！重叠了！现在好了，两帮学生挤到一块儿，都快打起来了。我刚被副校长骂了一通，你自己去解决吧！”

杨伊雪的脸唰地白了。前段时间她心思散乱，排考场时确实不仔细，怕是真的出错了。对于教务员而言，这可是大事故！她有些惊慌失措，投降似的举了双手，手掌不住摆动，口中嗡嗡地说：“啊，啊，是我的错！我，我马上去处理。”

她失魂落魄地跑出办公室，小小的身子穿过校园，像极了一条受伤的小狗。她来到教学楼，果然人群骚乱，人声鼎沸。她个子矮小，从人群中挤进去，不住地道歉。但她声音很弱，被学生的喊声盖住了，全然没有起到作用。几个监考老师倒是认识她，便挤过来向她问责。刚才他们在学生面前伤了尊严，就把气都发泄到她身上来了。

“……你们教务处怎么回事？考场都会排错！你看现在怎么办？！”

“是是是，都是我不好。我，我来解决。”可怎么解决呢？她从未处理过这种事情，“老师，要不，您换个教室？”

“说得倒轻巧，我们这都是大课，有一百来个学生，普通教室根本坐不下，考试得用阶梯教室！刚才我看过了，阶梯教室全都排满了！”

“哦，大课，一百来学生，阶梯教室……都排满了。”她不知所谓地重复着，脑子一片茫然，下意识地掏出手机，想向许文求援，但一想到那副凶巴巴的嘴脸，求援定然是徒劳的。她这样想着，口中弱弱地说：“那怎么办呢？”

平常教务处喜欢指手画脚，老师们对他们十分讨厌，此时得了报复的机会，更是不客气了，一个个双臂抱在胸口，摆出事不关己的架势。

“你问我，我问谁去？！”

学生们玩心很重，谁喜欢考试？看到此情此景，都觉有趣，几个顽皮的唯恐天下不乱，趁机起哄：“罢考！罢考！罢考！”其他学生也纷纷响应，连旁边考场里的老师也出来看热闹，正在做题的学生大喜过望，趁机传小抄，通消息，皆大欢喜。

学生的喊声震得杨伊雪心都碎了，觉得所有人都欢天喜地，看她在大庭广众之下出丑，纷纷讥嘲她，侮辱她。但觉一股怒气激荡在胸口，她浑身颤抖，猛地闭上眼睛，脸上扭曲得沟壑纵横，撕心裂肺地尖叫了一声：“啊——”

杨伊雪声若裂帛，响遏行云，加上表情狰狞，将师生们惊得面面相觑，觉得这么柔弱的身躯里，居然潜藏着凶悍的气息，一时不敢造次，四周倒安静下来了。

杨伊雪从未如此激动，一时喉头发麻，浑身乏力，缓缓睁开眼睛，歇了半天，才对一位看似和善些的老师轻声说：“老师，能不能这样，您先把一百多个学生分到两个小教室去。现在是考试周，小教室都不上课的，只要没考试，那空着也是空着……”

那老师也被她惊住了，倒也不敢违抗，改用商量的口吻说：“这倒也是个办法，可就算分开了，监考老师也不够啊！”

“那我也来监考，行不行？”

那老师生了恻隐之心，再看学生实在闹得不可开交，也就答应了，好说歹说，将一个班的学生劝了过去，考试虽然迟了半小时，但总算没出什么大乱子。

监考了两个小时，杨伊雪心力交瘁地回到办公室。顶头上司王处长恭候多时，一见她来，劈头盖脸就是一通狠批。她脑子全然是蒙蒙的，像罩了块盾牌，抵挡着唇枪舌剑，只漏进来只言片语，震得脑门子嗡嗡直响。

“……我在教务处这么多年了，从来没有遇到这种事……考场都会排错……你到底还想干不想干了……不想干就滚蛋，有的是人想进来……”

她听了这些话，垂着头，直到王处长走了，还站着不动，把左手紧紧按在心口上，小声说：“这地方是没法待了……没法待了！”

她呆呆地看窗台上的一盆兰花，细长的叶子都斜向窗外，要去接近阳光，不料硬生生地碰上了玻璃，于是贴着玻璃一寸寸地长，叶片都扭曲了，像一只人的手掌，要去推窗，却怎么也推不开，慢慢熬成了森森枯骨，锈满阴郁的绿苔。

伊雪写好了辞呈，也不修改，直接签上了名字，就向王处长交了。

接下来，她在浙江大学附近租了间民房，与两个“校漂”一起住，各自一个床位，租金不过两百。白天去教室看书，吃饭借用食堂，晚上回来睡觉。走在校园里，她发现了米芾的云雾、柯罗的枫香、郑板桥的修竹、莫奈的池塘，鸟声中有肖邦的韵律，小径里藏着唐诗的踪迹。

她从未想过，生活居然可以变得如此简朴而惬意。

杨克文知道了她辞职一事，果然劈头盖脸一通大骂。

“你以为考研就那么容易？高考时考不上名校，考研就能考上了？！你以为别人四年本科都在睡大觉？人得掂量掂量自己的能耐！还破釜沉舟……万一考不上，哭都来不及！”

爸爸一直没打电话过来。杨伊雪想，爸爸肯定也是不满的。也罢，现在她只能一条道走到黑了。

楚向南正迷醉于写小说，但一个极现实的问题，却摆在了他面前。

6月的一个周末，爸爸从贵州老家打电话来，先是平常的嘱咐，临末，语气忽然有点闪闪烁烁。

“向学校申请助学贷款麻烦吗？”

“不大清楚。好像要开学后才能申请，毕业前全部还清。”

“哦，毕业前全部还清。”

他爸爸顿了顿，似乎在玩味这几个字的含义。“我现在，嗯，你下学期的学费一时还凑不齐。”重点一说出来，爸爸似乎松了口气，接下来的话就流利多了，“你赶紧去问问老师，能不能减免学费，如果需要开贫困证明什么的，我马上去镇里开。”

楚向南利索地答应了。他知道此时最好的方法，就是少说话。

放下电话，他说不出的难受。当然，这并不意外。从记事起，家境一直就是这样，住老房子，大白天里面也暗沉沉。妈妈腿脚不好，常年卧病。爸爸不能外出，就在地里干活，一年到头吃咸菜。

他开始盘算怎样筹集学费。学费加住宿费，一共八千出头。怎么办呢？助学贷款，或申请减免学费，他虽然会去，可是还有生活费呢？看家里的意思，肯定是没有的。

唉，怎么办呢？写小说，完全不可能挣钱。写点散文，又不知去哪里投稿。去扫教室，家教，都不能解决问题。还得去外面打工啊。

于是，他在网页的招工版上流连，前沿行业难以胜任，服务行业要招长工。有一回，他发现了一条招工信息，说是推销产品，日薪百元以上，还有提成。他欣欣然打电话过去。

“明天来我们公司吧。”

好听的女声，干脆利落，让他看到一点希望。

登云路 253 号是一间店面房，临近郊区。两层楼，白瓷砖，蓝玻璃。二楼的阳台上挂着衬衫长裤，夹杂着内裤、文胸，暴露在阳光下。还有几盆花，凤仙花、万年青之类，都有些干枯，又积着尘土。

这显然不是一家正规的公司。

楚向南按门标识从一道狭小的楼梯上到二楼，房间里挤满了人，都是年轻男女，背着双肩包，或斜挎包，几个扎成一堆，大声地说着话。

一位穿工作服的小姐迎上来，20 多岁，一脸雀斑。

“你是来应聘的吗？”

楚向南点了点头。

“来这边填个表格，还有合同，一式两份。交五十元报名费，一百元押金。”

还要交钱？他敏感地疑惑了一下。

她看了他一眼：“以后推销洗发水，每天早上提货，所以要先交点押金。每瓶卖二十块，上交我们十块，其余都是你的了。如果合同期内你不做了，押金将予以扣留。”

楚向南心里盘算了一下。每瓶挣十块，每天要是能卖掉十瓶，那就是一百，要是更多呢？这也不算难吧。

他跟进房间，交了钱，领了表格，四处一看，许多人就着墙壁写字。墙上挂着一张杭州地图，一块白色写字板。边上贴着几张海报，都有一个女子，明眸皓齿，头发亮如丝缘，旁边一瓶白丽牌洗发水。

地上铺了肮脏的地毯，角落里被蚊香烫了个螺旋黑圈。他找个空当，挤进去填表。姓名、性别、住址、电话，居然还有就业动机。写什么呢？赚钱交学费？他填了“增加社会阅历”。合同倒是没什么好写的，签名就行，合同期一个月。他把名字写得很端正。

进来一名男子，自称经理，30来岁，中等身高，偏胖，面容有些浮肿，嘴唇向前探出，有几分像猿猴。身后还跟着几位，高矮不一，一色的白衬衫黑领带，站得像美国大兵。

经理清了清嗓子，说话了：“我们的产品，白丽牌洗发水，刚刚登陆杭州，需要铺天盖地的广告，更需要强大的推销员队伍。这就像现代战争，既要飞机开道，也要地面部队的地毯式攻击。而我们，就是地面部队，负责将产品渗透到大街小巷、千家万户。我们的贡献是巨大的。因为产品本身，就是最好的广告。”他的声音抑扬顿挫，还用手点了点地图，“杭州可分东西南北四个区。我们现在共有四十个人，分为四组，”指指身后的四位，“由我们的四个主管分别带领，各攻占一块地区，”手掌凌空一劈，“争取全部拿下！”

楚向南随同十几个人乘车到了城西。他们的主管个子瘦高、颧骨凸出、鹰钩鼻、头发硬扎扎地竖起，自称蒙古人，擅长搏击，一路讲着惊险的故事，说自己闯荡南北，抡拳使腿，英勇仗义。旁边的人都抬脸看着他。

走到一个居民区，都是农民房，有高有矮，参差不齐。有的墙面肮脏，有的贴了瓷砖。没有规划，巷道时而细小，时而宽阔，纵横交错。都有小院，门开处看见葡萄架，往往拴着狗，懒懒地卧在阴凉里。有些门上贴着“出租”字样。临近正午，阳光炽烈，不大有人来往。走到拐角处，远远来了一个年轻的女子，黑红的脸，趿拉着拖鞋。

主管说：“我给你们示范一下。”就堆着笑迎上去，“小姐，打扰您几分钟。”女子一脸惊愕，怯怯地站住，手脚就有点拘谨。

主管抽出洗发水："我是白丽公司的代理人，我们的洗发水刚刚推出，正在做宣传。小姐您的气质这么好，身边的朋友肯定很多，我希望通过您，把我们的产品推广出去。"

主管在手背上倒了点洗发水，指腹轻揉，白色化作一摊透明："当您洗头发的时候，洗发水深入毛孔，溶解污垢，同时营养皮肤，"又用力揉了揉，"然后生成泡沫，将深层的污垢都带出来。再用清水洗去，给您留下健康干净的头皮，黑亮顺滑的头发。"

姑娘认真地看他表演，不时点头。黑晶晶的眼睛，一条黑亮的辫子垂在前胸，她不自觉地上下摸着。

主管表演完毕，开始摊牌："因为现在处于宣传阶段，所以价格优惠，大商场里明码标价，都是三十块一瓶。但我这儿，你给二十。"目光定定地直视着她。纵然尽力曲着背，还是有些居高临下。

姑娘听明白了，脸上浮起一阵慌乱："哦，我没……没钱。我身上没带钱。"犹豫了会儿，四处看了看，低头绕开他们，疾疾走了。

主管愣了神，只呆呆看她渐行渐远的背影："就这么走了……没钱？开玩笑！"声音由低到高，说到"笑"字时，已分明想让那姑娘听见了。半晌又啐了一口，自语道，"下回我赞美她们。不卖出一瓶，我就不吃中饭。"

又耗了一个小时，手背上抹了许多次洗发水，皮肉有些发红，终于推销出去一瓶。吃饭的时候感觉其他人的敬意淡了，于是很有些恼火，狠狠地点了碗牛肉面。

"多放辣椒！"主管冲伙计喊了一声，又对一个人说，"今天选的地方不好。农民工肯定还没发工资。"

草草地吃了中饭，下午情况也并不好。经常是发现目标，人未走近，对方已先摆手，一脸不屑。但楚向南倒是从主管那里学会了一套说辞，也逐渐知晓了受众群体——农民工。除了他们，谁会为省三四块钱而冒险买杂牌呢？

但如何大胆推销，对于他来说，还真是一个大问题。

第五章

有人说:“我一见陌生人，就不知怎么开口。现在要毕业了，面临找工作，免不了和各式各样的人沟通。我该怎么办呢?”也有人说:“我一想到论文答辩、应聘面试，就紧张得睡不好觉。”中国人普遍偏于内向，容易害羞，在社交场合往往露怯，这显然不利于沟通。那么，我们该怎么做呢?

又一个周末，楚向南照例骑车去报到。主管就推说有事，让他们分头行动。同来的人三五成群，都呼啸着去了。只有他是一个人。将十来瓶洗发水装进背包，推了车准备走。天气忽然暴热，九点钟太阳就很热烈，明晃晃的。蝉声就像水珠滴进油锅，爆出尖锐的声响，经久不息，行道树呆若木鸡。但很快他就习惯了。

“你一个人吗？”身后传来脆脆的声音。

楚向南回头，一个女孩正对着他。清秀的脸，苗条的身材，戴着鸭舌帽，米色T恤，前胸一个樱桃小丸子，袖口缀着藏青碎花。牛仔短裤下露出细长的腿。婷婷地立在那里，像一道喷泉，清凉逼人。身后还站着两个人，一男一女。他们在阳光下都很灿烂。

“是啊。”

“那就加入我们。”语气竟不容拒绝。

他就随他们走了。女孩叫钱亦雯。另外两个，男的粗胖，叫宋鲤庭，然而亦雯总叫他“泻立停”；女的叫曹欣，或是曹馨，过于单薄，眉眼也不醒目，温婉而无声地跟随。

“你叫什么？从哪来？”亦雯问道。

楚向南说出了自己的名字和那个响亮的校名。

亦雯惊叫了一声。

“浙大学生还来跑推销？”

“照你看呢？”

“做做家教，空调房里待着，多滋润啊。”

“那多没劲，还是推销好，增加社会经验。”

“我才没那么伟大，”她拍拍背包，“我就是看中了一条裙子，六百多块，爸妈不给买，哼，我自己出来赚钱。”忽然往前一蹦，轻盈盈一个转身，双手握着背带，笑眯眯地看他，马尾辫在脑后一荡一荡。

“想买什么就买什么。”她说。

他们一同来到一个城中之村。背后都是山，山上种着茶树，边上是乔木。山脚一道溪水，水里有小卵石和大圆石头。溪边一条水泥路，路的另一侧是一排别墅式的楼房，都有着罗马柱子，故宫琉璃瓦，哥特式尖顶。

他们站在一个菜市场门口。活泼且漂亮的女孩办事总是方便的，亦雯冲在前面，大哥、叔叔、阿姨叫得甜腻，对方被甜味黏住，又看她费神地讲解、示范，不免就掏了钱。旁边还有围观的，上三路下三路地打量亦雯。效果很好，一会儿就卖掉了不少。

休息时，坐在树荫下，他们把脚伸进溪水，凉风沿着溪面一阵阵吹来。宋曹二人坐在一边，两个文静的，居然低声地说个没完。

楚向南对亦雯说："你真厉害。"

"那是，"亦雯手支着地，头一仰，"我可是学导游的。"她的侧脸很好看，翘翘的鼻子，人中很短，带得上嘴唇也有些翘，曲线非常精致。

"原来如此。"

"知道我的来头了吧？"

"知道了。学以致用。不错。"

"哪像你，闷头罐子一个，都不知道叫卖。"

"我不是也喊了？"

"就你那样，"她点头哈腰，声音压得细细的，"先生您好，女士您好，耽误你几分钟行吗？酸溜溜的，你还没客套完，人早走了。"

"礼多人不怪嘛。"

"切，咱们出来卖东西的，就得狠。"

"这是做销售。"

"不和你咬文嚼字。出来卖洗发水的。行了吧？"

"这还差不多，虽然也不好听。"

"行。书呆子。卖洗发水，得不由分说，先把洗发水塞到顾客手里，再说产品的好处。得有气势，认定自己的产品很好，卖给他是他的运气。像你那样，还没说话呢，自己先矮了半截，求爷爷告奶奶的，卖得出去才怪。"

在她面前，楚向南真觉得自己有些迂腐。

"不过这洗发水质量是不大好。"她说。

"你用过了？"

"这还要用？一眼就看得出来。这么稀稀的。我在手上抹了这么多，现在都有点疼了。"

“那我们不是在卖伪劣产品了？”

“瞧你那胆小的样。一分钱一分货。二十块这么大一瓶，质量能好吗？”

“你还心安理得。人家洗了掉头发怎么办？”

“没关系。要是男的，洗了不好，随便一扔就完了。”

“要是女的呢？”

“更没事了。她们肯定认为这种洗发水不适合她们的发质。就像化妆品一样，什么美白的祛斑的，广告吹得像仙丹一样。可女的抹了半年，就是没用，也不会怪化妆品，反而怪自己的皮肤不长进。”

他大笑：“你真不该叫亦雯。”

“那叫什么？”

“亦蚊。蚊子的蚊。细脚伶仃，嘴巴真尖。”

“又掉文，你们这些高才生，唉。”

“这是夸你呢。吸百样血，什么都懂，你是真博士。”

杨略和葛怡正计划着暑假的安排。杨略专程找到了楚向南，说明了相关的事项。楚向南一拍大腿，说：“学校没问题，我干爹早有这个想法了。另外，这事还能办得更大。”

“怎么个大法？”

“我最近在思考一个问题。我们那儿的年轻人都出来打工了，农村人才大量流失，而他们的孩子得在老家读书，让爷爷奶奶带着，所以就造成了隔代教育、留守儿童之类的问题。你说，有没有可能让外出务工的人学到技术后，就回家去创业呢？”

读大学之后，楚向南虽身在生科院，但视野颇为开阔，老爱看《南风窗》杂志，看费孝通的《乡土中国》之类，考虑着政治经济问题。贵州省的经济大部分靠人口输出，表面上看，他们的日子是好过了一些，但毕竟只是权宜之计，不能长久。一旦沿海城市经济萧条，贵州人无工可打，回乡又无事可做，自然陷入窘境。而且大家都出去打工，家里留守儿童增多，野生野长，无人管教，犯罪者不在少数，农村后代素质难以提高。若能制定政策，鼓励有技术的打工者回乡创办工厂，增加就业岗位，推动本地经济繁荣，同时减少骨肉分离，这才是治本强省之策。他想去调查的，就是政策情况。

杨略听到这里，眼睛就放出光来。

“你这个想法很不错，很有现实意义！”

楚向南得了认可，也兴奋起来。

“所以我借着暑假大家去支教的机会，组建一支小队，去做个调研，先调查务工人员的意愿，再去采访我们当地的政府，看他们有什么鼓励性政策。”

“好，我得给你推荐一个人，他最擅长这个。”

于是，他把曾泉介绍给了楚向南。而曾泉又推荐了别人。如此一带二，二带三，队伍日渐庞大，最后竟有二十来人。楚向南鼓足勇气，和叶文思说了这事，女孩也很爽利。

“这是大好事，算我一个！”

她还说，她爸爸在贵阳城里当了个局长，人头很熟，应该可以对这次活动帮上忙。而且，她还提议，可以增加一个活动，叫作“DV传情”，用DV记录农民工的生活，还有想对孩子说的话，到时候带去贵州家中给他的孩子看。

楚向南听了十分赞同，又添了点建议。

“还可以把孩子的话录下来，带给他爸妈看。”

于是，这支社会实践队伍就成立了。他们的任务除了支教上课之外，还分出两支小分队，一支去调查，一支做DV传情。他们的课题申报书放在大学生社会实践网上，居然引起了电视台的重视，作为大学生社会实践的重点项目予以关注，并会在相关新闻中进行及时的报道。

消息传来，这些人全都激动坏了，越发要周密地计划。他们几个负责人一连开了几次会议，行程逐渐确定，由楚向南、叶文思、杨略和曾泉打前站，安排好各项事宜，然后大部队再开赴过去。

当然，最让他们担心的，就是此行将与许多人接触，比如外出打工人员，还有当地的政府人员，他们能胜任吗？

葛怡说：“说实话，我最怕和地方的头头脑脑们打交道了。”

楚向南也深有同感，他来自农村，虽说性格还算豪爽，但有种根深蒂固的拘谨和自卑，遇到陌生人，尤其是那些有权势的人物，他不由自主会心生畏惧。

其他人也说：“就是啊，和他们在一起，都不知道聊什么，多尴尬啊。”

曾泉却说：“反正就海阔天空胡侃呗。”

杨略心里也没底。看来，在出发之前，还得研究一下，怎么和陌生人，尤其是怎么与大人物打交道。很自然的，杨略又向爸爸求助。于是，他爸爸专程来了一趟学校，为这些热血青年上了一堂课。

第五课　如何与陌生人交流——关于社交焦虑

各位同学：

大家好。

前些天，我在微博上说，我要研究沟通了，底下马上有许多人跟帖。

有人说：“您和我说说怎么与陌生人打交道吧。我一见陌生人，就不知怎么开口。现在要毕业了，面临找工作，免不了和各式各样的人沟通。您说，我该怎么办呢？”

也有人说：“我一想到论文答辩、应聘面试，就紧张得睡不好觉。”

甚至有人说：“我快要结婚了。我也很爱我男朋友，可是一想到婚礼上要被那么多人注视，就心慌意乱，都不敢结婚了……”

这些跟帖，引发许多人的共鸣。

因为中国人普遍偏于内向，容易害羞，在一些社交场合往往露怯。这对于沟通显然是不利的。那么，我们该怎么做呢？

一、社交焦虑的三大原因

在心理学上，这种露怯、紧张、惊慌的现象，往往被称为社交焦虑。引发社交焦虑的原因大概有以下三个。

第一，羞涩。

在一些社交场合中，尤其是碰到生人的时候，害羞的人往往会觉得很不自在。

我出生于乡下，小学时特别害羞，一见生人，第一反应就是往后躲闪。有一年暑假，邻居家来了一个慈溪小孩，和我同龄，主动与我交流，而且是满口普通话。天哪，那时候，连学校老师上课也满口温州话，我们的普通话又能好到哪里去呢？因此，见到这位吐字清晰、语音标准的城里孩子，显得很“高档”，我满脸通红，都不敢走向前去。

如果知道自己羞涩，就要激励自己迈出第一步，主动去与人沟通。时间一久，就会觉得与陌生人交流其实并不复杂。

第二，内向。

和外向开朗的人相比，内向的人往往喜欢独处，显得安静、内敛，虽然不一定焦虑，但往往在人群中非常不起眼，而且容易缺少朋友。

曼妮现在觉得越来越孤独，遇上一些事情，却发现找不到人帮忙。其实，她读了这么多年书，也有很多同学。可毕业以后，联系越来越少，也几乎不接受他们的聚会邀请。久而久之，她的同学也不再联系她了。现在她就算遇到困难，都不好意思去麻烦人家了。

如果我们内向，那就需要有意识地提醒自己：朋友需要相聚，需要经常沟通，才能保持亲密的友谊。

第三，完美主义。

完美主义者因为害怕别人发现他的“瑕疵”，并进行嘲笑、批判，所以畏首畏尾，于是变得焦虑，最后导致在公共场合表现不佳，而这反过来更印证了他有“瑕疵”。

谢丽最近不想去上课，因为进入大三以后，讨论课越来越多。可她有时候虽然做了准备，也有很多话想说。可一想到说出来后，会遭到老师和同学的嘲笑，她就倍感压力，上课时如坐针毡，偶尔几次发言也结结巴巴。她觉得与其如此尴尬，还不如逃课来得轻松。

如果追本溯源，完美主义者的心中都有一些不合理信条在作祟：

〇我必须表现得完美无缺。

〇我必须让每个人都喜欢我。

对于这些不合理信条，我们可以这样驳斥：

〇我不可能事事都好。而且，完美无缺并不一定讨人喜欢。你看，一些著名人士喜欢在粉丝面前自嘲，比如杨幂调侃自己“脚臭”，罗振宇自称“罗胖”。如此更显亲切，更让观众喜欢。

〇我当然希望得到所有人的喜欢，但我明白，不可能每个人都喜欢我、赞许我，因为众口难调嘛。所以某些人不喜欢我，这根本没关系。

二、和陌生人沟通，怎么寻找话题

害怕和陌生人沟通，除了羞涩、内向、完美主义这些内在原因之外，找不到很好的话题，是个很现实的外在原因。而它往往会阻碍了沟通的进展。

康康和大学室友阿祖去吃饭，一到饭店，才发现阿祖还邀请了朋友。

“康康，这是我高中同学李峰，你叫他峰子吧。李峰，这是我的室友沈康，康康。你们聊着，我去点个菜。”

阿祖一闪身走了，康康和峰子相对而坐。两个都是沉闷之人，气氛就有些尴尬。

康康决定要开始破冰之旅。

康康：“你来过这家饭店吗？”

峰子：“没有。”

话题卡住。

康康：“你在哪个学校啊？”

峰子：“理工大学。”

康康：“什么专业？”

峰子：“天体物理。”

话题卡住。

康康脑海中浮现出老师的一句话，沟通就要找到两个人的“交集”，比如天气、污染之类的共同话题；还有爱好、明星之类的共同兴趣；或是找同乡、共同朋友等亲缘关系。

于是，康康开始施展新招数。

第一招，共同话题。

康康:“今天好热哦。”

峰子:“对啊，真热。”

话题卡住。

康康:“这么热，空气还不好呢，雾霾经常爆表。”

峰子:“可不吗? 唉。”

话题又卡住。

康康见势不妙，改变了策略。

第二招，共同兴趣。

康康:“最近世界杯看了吗?”

这也有风险呢。因为接下来会出现两种情况:

第一种，正中下怀。

“看了，德国和意大利那场比赛，啧，太精彩了。”

“就是就是。”

二人眼睛放光，就共同感兴趣的球星及其表现交换了意见，并对接下来的比赛进行预测。交谈在热烈而和谐的气氛中进行。

第二种，对方是个球痴。

“我一场都没看。”

怎么办?

且战且走，继续换话题啊。

蔡康永在《说话之道》中谆谆教导我们，天气、时事、工作，都不是通吃的话题，只有“吃”，是世界人民喜闻乐见的共同话题。

于是康康可以这样说:

“你是哪里人?”

“西安。”

“哇，你们那里有很多特色小吃呢。”

峰子有几分得意，顿时滔滔不绝。康康也趁机分享一些自己老家的美食。

当然，如果峰子实在是孤陋寡闻的宅男一个，对美食闻所未闻。那康康只好放出最后的大招了——

第三招，找亲缘关系。

如果是同乡，那就聊聊故乡风土人情。如果都在学生会，那谈谈各自的体验。如果认识共同的朋友，那么以他作为话题的引子，也是不错的选择。

康康：“阿祖是你高中同学，他在高中里怎么样？还那么喜欢唱歌吗？”

峰子眼睛一亮：“可不是嘛，他经常放学后跑到学校的小花园里开‘个人演唱会’，就是一个人的演唱会。”

康康大笑，也分享了阿祖在大学里的各种尴尬事。

其实，这一招，政治人物也用得非常娴熟呢。1984年5月，美国里根总统访问上海复旦大学，面对复旦学生做讲座，一开场就说：“其实，我和贵校有着密切的关系。你们的谢希德校长同我夫人南希是美国史密斯学院的校友。照此看来，我和各位自然也就都是朋友了！”此话一出，全场鼓掌。短短的几句话，不仅推翻了国与国之间的隔阂，还加深了彼此间的友好程度，这段开场白可真妙啊！

不过话说回来，康康和峰子的尴尬处境，阿祖也要承担责任。他只是介绍了名字，就匆匆闪过。对于康康和峰子来说，对方依然是个谜团般的人物，实在找不到沟通的切入点啊。

如果阿祖能够多加点介绍词，最好能找到双方都会感兴趣的话题，那就会让双方摆脱冷场的尴尬。

“康康，这是峰子，别看他胖乎乎的，他可是篮球明星哦，高中时是大前锋呢。”

于是，康康马上可以和峰子聊篮球，聊球星。

“峰子，这是康康，他是我们学校的十佳歌手呢。”

他们的话题，就可以围绕音乐、歌星，或是唱歌时的糗事来展开。

三、如何与“大人物”交流

“要和总经理面谈了，好紧张。”

“人家是大明星啊，我怎么敢去说话。”

“我见了市长，差点吓尿了，嘿嘿……”

……

我这两年好像也有了点名声。有一次去本市讲座，现场还有新华书店的工作人员。讲座结束回家时，我自己开车，看工作人员没人送，就提议捎她一程。她却惶恐说:“那怎么敢?”连连摆手，退缩得很远。

原来，我也是个令人生畏的“大人物”了。

那么，问题来了。面对大人物，我们为什么会感到自卑、惊慌、畏惧，甚至语无伦次呢?是他们身高九尺，腰阔十围，天生异相，与众不同?除了影视明星外形出挑，其他大人物扔进大街，也只是路人甲。

那到底是什么，让大人物显得高贵、神秘，使我们崇拜、敬畏呢?

是大人物身上穿了一套外衣，由金钱、权力、地位、出身、文凭、容貌、名气、荣誉编织而成。也就是说，尽管人人平等，但社会还是会根据“外衣”来评价人的价值高低，并形成一套所谓的“社会价值体系”。

于是，白领比农民工高档，对农民工有心理优势。老板比白领高档，将白领踩在脚下。局长比处长高档，可以颐指气使。开宝马的车主，在马路上被奥拓超了车，心里就十分不服气，一定要猛踩油门超过去。因为宝马车高档，也就意味着他也更“高档”，怎能被奥拓车里的“穷鬼”甩在后头呢?

那么，我们面对一个“社会价值”比我们“高档”的人，就该陷入自卑、畏惧，然后惊慌失措吗?

当然不。

那我们该怎么办呢?下面介绍几种方法。

方法一，寻找自己的优势。

就像在爬山，大人物在某个山头爬得挺高，而我在另一个山头上勇于攀登，那彼此遥遥招手，都是一世之雄，自然没什么心理落差。我以前和杨略讲过我亲历的一件事。

刚刚大学毕业时，我参加一个饭局，遇到一位富二代。他与我同龄，但出身却有天壤之别。他父亲下海很早，经营着几家大公司。他高中一毕业就做了父亲的帮手，也很能干，丝毫不逊色于他的父亲，不免意气风发，加上生得眉目清秀，在饭桌上觥筹交错，真是少年得志，谈笑自如。而我恰好坐在他旁边，穿一身暗灰的衬衣，自惭形秽，肢体僵硬，如坐针毡。

直到饭桌有一位长者问我："小杨，你是哪所大学毕业的呢？"

我如逢大赦，说出了校名，顿时赢得众人目光的赞许，心里顿时舒坦多了，毕竟那个时代大学生还是稀罕物。我下意识地瞧了富二代一眼，脑子里闪现出那本名牌大学的毕业证，而这是他所没有的。①

很可笑，对不对？原本大家是吃饭、交流，而我满脑子想着毕业证，用自己的优势支撑我可怜的自尊。不过，当时的确还是有点效果的。

但是，很多年轻人刚刚起步，在大人物面前除了年轻，别无优势，那怎么办呢？

方法二，有精神的追求。

孟子是个脾气很大、自视很高的学者。他一生拜见过许多诸侯，非但不卑躬屈膝，还牛气哄哄地评价梁襄王"望之不似人君"。那他是怎么做到的呢？

他曾说："说大人，则藐之，勿视其巍巍然。"意思就是，对着位高显贵的人说话，要藐视他，不要把他的显赫地位和权势放在眼里。可我们的问题是，怎样才能做到藐视呢？我们再往下读孟子的话：

"堂高数仞，榱题数尺，我得志，弗为也。食前方丈，侍妾数百人，我得志，弗为也。般乐饮酒，驱骋田猎，后车千乘，我得志，弗为也。在彼者，皆我所不为也；在我者，皆古之制也。吾何畏彼哉？"

孟子的意思是，我可是有操守、有追求的，礼乐才是我的最爱，你那些个殿堂啊、美女啊、香车宝马啊，就算我有朝一日发达了，也不屑拥有呢，既然这样，我有什么好自卑的。

瞧，他的心灵多强大，有自己的精神道德追求，根本就不认同"社会价值体系"这件"外衣"，又怎么会被它唬住呢？

可是，普通人真的好难做到。谁不想要金钱、权势、名声呢？一旦追求这些，就认可了所谓"社会价值体系"，也就容易对大人物卑躬屈膝了。

---

① 详见《你在为谁读书 5. 青少年情绪管理》（余闲著，长江少年儿童出版社）。

于是，来看下一招。

方法三，破除“社会价值排序”。

当我们去应聘，去论文答辩，面对威严的评审，就可以看看他脸上的皱纹，鼻孔中探出的鼻毛，他的领带和衣服颜色明显不配……也就是说，在接触过程中，迅速捕捉到大人物身上的缺陷，将他身上的光环卸去，把他从大人物的社会角色，还原成一个人，一个和你我一样的普通人。

这样一来，我们就戳破了大人物强大的幻象，摆脱“他高档，我低档”的心理暗示，使内心顿时放松，双腿自然就不再慌得抖颤，敢于正视眼前的大人物，并从容地沟通。

不过，这种方法总显得有些低俗。

方法四，展示自己的眼光独到。

一般来说，我们面对一位仰慕的大人物，做好积极的准备，了解他的思想、作品和人生经历，从中寻找出话题，并提出你独特的见解，获得对方的认可与重视，就能更好地进行下一步沟通。而且，这也更符合我们的实际。

第一，学会赞美。

嘴巴甜是讨人喜欢的。但是，并不是所有巧舌如簧，都会受人欢迎。对方明明皱纹纵横，眼袋垂挂，你夸他年轻帅气。明明人家胖得像个水桶了，还说这么好的身材是怎么保持的。对方非但不会高兴，或许还脸色阴沉，觉得你是出言讽刺。

面对一位绝色佳人，你夸她美，有气质；面对一位著名作家，你夸他文笔好，故事妙。对方也会高兴，但因为被夸习惯了，所以有些麻木，导致效果不佳。要找到对方想被夸奖的地方，需要你善于观察。日本作家多湖辉所著的《语言心理战》一书中记述了这样一件趣事：

被誉为“销售权威”的霍依拉先生为了替报社拉广告，拜访梅伊百货公司总经理。寒暄之后，霍依拉看到墙上挂着总经理穿飞行员衣服的照片，顿时找到了话题：“您是在哪儿学会开飞机的？总经理能开飞机可真不简单啊。”

话音刚落，总经理兴奋异常，谈兴勃发，广告之事当然不在话下，霍依拉还被总经理热情地邀请去乘他的自备飞机呢！

我们如果去拜访别人，留意一下房间的风格、墙上的挂饰、桌上的相框，等等，就会找到线索。看到墙上大幅的油画，就赞美他有艺术品位；看到相框里与孩子的合影，就盛赞孩子的漂亮聪明……总之，放在醒目处的，往往是对方的得意之处。夸奖这些，应该能投其所好。

第二，独特见解。

罗振宇在《逻辑思维》栏目中，曾说起一个故事。他还在媒体工作的时候，有一次采访易中天。当时易中天刚刚讲完《品三国》，声名远播，可谓如日中天，被称为学术超男，平常接受过各种采访，各种赞美。罗振宇当时还是小伙子，他对易中天说："易教授，您著作等身，有历史的，有美学的，我基本上都看过，最喜欢其中《费城风云》那本，书里用叙事体来梳理美国立宪的过程，明白晓畅，发人深省。我看完以后，感觉受益匪浅。"

易中天对于"著作等身"之类的过誉之词，早已听得厌了，但一听后半段，眼睛发出光来，郑重地站起来，与罗振宇又握了一次手，有些激动地说："小伙子，那也是我最用心的作品，不过别人都不重视，只有你能读出来啊。"

于是，接下来的采访，就变得非常亲切顺利了。

还有一位记者，曾向我说过他求职的经历。他是工科生，但热爱写作，一心想当记者。大学毕业时，一家报社来招人，他去应聘了。同去的还有许多校友，有学中文的、新闻的。在他们当中，他的专业颇显另类。经过笔试、面试，他被录取，其他人被淘汰。他问应聘人员原因。

他们说，除了文章水平之外，一个细节促使他们录用他。

"什么细节？"

原来，那天面试时，他说："我昨天看到你们的报纸上刊登了一则新闻，你们报社发起了关爱留守儿童的活动。这种温暖的行为，让我很感动，也觉得我与贵社的价值观相同。"

是的，他前一天看了该报纸，并把这一条新闻记下了。于是，面试中，他与面试官进行了情感的沟通，并产生了共鸣，面试官对自己报社的业绩油然而生一种自豪之情，也对眼前的小伙子产生了亲切之感。

当然，这些沟通技巧，真的只是浅沟通，是歌剧的序曲，是餐前的小点。真正能成为挚友的，还是通过深入沟通，发现彼此志趣相投的人。不过，没有浅沟通的试探，又怎能有深入沟通呢？

好了，今天说得挺多。但一切理论都是灰色的，只有生命之树常青。你们懂得这些方法后，还要有意识地锻炼，做到与陌生人沟通时不卑不亢，潇洒从容，那才是出色的人儿呢。

说来也巧，听完爸爸的讲座不久，杨略就有了一次实践的机会。

“杨略，明天学校要来个大作家刘子滔，你去做个专访吧。”李子墨老师给他下达了一个任务。

“我，我怎么行？”杨略虽然善于言辞，但一想到自己站在刘子滔面前，还是慌得心惊肉跳。这刘子滔最近几年风头很健，写了不少畅销小说，不仅故事精彩，而且文字精妙，以纯文学的作品，引起各方叫好，并荣登作家财富榜的前十，实在是个奇迹。杨略也十分喜欢他。

“你不是最崇拜他了吗？机会难得哦。快去吧。”

崇拜归崇拜，可他平常顶多就是看看他的书，在微博上浏览他的言论和照片，偶尔发几句注定要石沉大海的评论。而当面接触，他连想都没想过呢。那可是偶像啊，怎么能降临凡尘呢？

可是，李子墨的命令，他也不能推托，于是惶惶不安地回去了，一整夜都在准备采访提纲。

第二天，在众人簇拥之下，刘子滔出场，在大会堂里侃侃而谈，灯光照射之下，他既有学者的儒雅，偏偏又长得帅，连服饰都光辉灿烂。

“真的好帅啊。”

“没错，作家里难得有帅哥。”

听着女生们的评论，杨略手心都出汗了。因为等演讲结束，他就要去休息室独自采访刘子滔了。他的心怦怦直跳，恨不得马上出个意外。比如，大作家忽然接到电话，一溜烟走了；或者校报老师说，他自己想亲自采访；或者大家都狂热地要大作家签名，把时间拖得很晚很晚，晚到他来不及采访……那么他就将如释重负。

时间一点点流逝，作家讲了什么，他半点没听清，只是机械式地一遍遍地想着采访稿，琢磨过会儿第一句话该怎么说。想得久了，就有些头晕脑涨。而那些意外，完全没有发生。

刘子滔讲完了，鞠了个躬，在众人的掌声中，走到台下的休息室里去了。

没办法了，杨略勉强保持镇静，走进了休息室。

他结结巴巴地说明来意，抬头去看那刘子滔，忽然发现，他的脸上冒着油汗，露出粗大的毛孔和点点的斑痕，完全没有刚才那么英俊嘛。而没有灯光照耀，他的服饰虽然材质上佳，但也显得黯淡了。

转瞬之间，大作家的光环似乎消退了不少。

“啊，他也不过是个普通人嘛。”

杨略这样一想，心里就放松了。

“我看过您的每一本书。”

“是吗？那你喜欢哪一本？”

他报出了书名。大作家的脸上露出欣慰的笑容。

“那的确是我最满意的一部。不过大家提得少。看来，你的确看得很用心啊……”

刘子滔显得平易近人，杨略也从容了，敢于不时平视着他的眼睛，对他的小说也发表了一些颇为精到的评论，得到大作家的赞许。渐渐地，他进入状态，准备好的采访提纲，也一一浮现脑际。

他的采访很成功。最后，两个人还合了影。这张照片，连同采访稿，过了几天就刊登在了校报上。照片上，作家神采奕奕，自有一番风采；而杨略年轻英俊，从容得体，也并不输阵。

楚向南在为支教和调研积极筹备的同时，还得考虑自己的学费问题。因为暑假要远行，那他打工的时间就缩短了。因此，他想好好利用最近几个周末，多推销一些洗发水，尽量多挣点钱。而且，他在推销中，也在逐渐锻炼与陌生人打交道的本事。

自从上次得到钱亦雯的教导，他就放开了胆子，专往人多的地方扎，很快就把十瓶卖完了，捏着一把皱巴巴的钱，心里满胀胀的高兴。一晃悠就会把高兴从嘴中漫溢出来，走路时感觉心脏强健四肢有力。他甚至开始盘算着，以后还可以卖得更多，不仅生活费有望解决，连学费都能少贷一些款。

回去的车上，他问坐在旁边的亦雯：“你怎么会让我加入你们的呢？看我一个人可怜？”

“嗯，有这个原因。大小姐我行侠仗义。”过了会，又说，“不过这只是一小部分原因。”

“那大部分原因呢？”

“不告诉你。”她摇摇头。辫子扰过他的脸庞，痒痒的。

“说吧。”

“非得说吗？”

“说。”

“你长得帅，好像也不是帅，就是挺有股悍劲啊，你不是个平常人。”她似笑非笑地看着他。

悍劲？这个词第一次与自己联系在一起。他不好意思了，看着窗外，慢慢反刍着。空调车里温度合宜。窗外夕阳西下，街道上每辆车的窗玻璃上，都顶着一个太阳，金灿灿的，明晃晃的。

“那我们明天见。”下车后他说。

“好的，明天见。”

他目送他们远去。三个人影逐渐消失在街衢深处，满街夺目的黄金。

但第三个周末，楚向南一到公司门口就觉得出事了。一群人围着外面，叽叽喳喳地说话。挤进去一看，铁门紧锁。几个人把门敲得咣咣作响，里面也没动静。一看表，都快八点了。他的心一沉。听旁边几个人说，有人去叫房东了。看看四周，亦雯三人并不在。

过不多时，房东来了。一个圆滚滚的中年妇女，穿着睡裙，因为睡梦中被叫醒而有些怒气。

“他们的房子租了一个月，昨天就到期了。一大早来了辆车，全都收拾走了。”

“走人了？那我们的押金呢？”一个黄头发的年轻人说，倒是京腔，卷着舌头。周围一阵响应。

“你问我，我问谁去？”

“你是房东，把房子租给骗子，你不得负责吗？”

“我负什么责？我租房子，人家给钱，清清爽爽的。”右手手背拍着左手手心。啪啪作响。

“你倒是清爽了。我们怎么办？”黄头发不依不饶。

“爱怎么办怎么办。反正我管不着。”房东夺路就要走，像一颗鱼雷，凶悍地挺进，其他人也不大敢拦。她很快就突围了。到了安全地带，她回头喊了一声：“你们报警吧，这种事，他们不会不管。要不报社也行，给曝曝光。”

楚向南觉得有些奇怪，四十个人来打工，每人交一百，也不过四千，为这点小钱，那帮人至于行骗吗？很快他就明白了。因为人越聚越多，大约有几百人，大部分是学生，很多陌生的脸孔。一聊之下，才知道那帮人租了一个月房子，从月初到现在，招聘竟不下十次。上千人上当，光报名费押金就是十来万，还有手下人每天卖了洗发水后上交的钱，更是洋洋可观。他上次不就上交了一百吗？那么多人要是都交这个数，那得多少钱？

楚向南算了一下，一天就是十万，那一个月呢，足有三百万！心里突突地跳。他几乎看见他们在车上载歌载舞的样子。

楚向南向大伙一公布，消息散播开去，顿时群情激愤。自发形成了一个核心领导团体，黄头发刚才有立功表现，被推为头子。楚向南也成了其中一个。一起搜集罪证，并商量如何举报。这些学生们初遇此事，嘴上骂骂咧咧，但一个个脸色潮红，兴奋多于愤怒。几个头子更是脑门发热，说话都带着正义感引起的颤抖。

尽管知道那帮人在行骗，但真要收集罪证，却找不大出来。集思广益了半天，罗列了寥寥几条：产品质量很差；利用学生缺乏社会经验这一点，进行压榨和欺骗。其余的呢？营业执照？他们都看到过。况且第二条太抽象，措辞也觉别扭，是政治课本上批判资本家时才会出现的字眼。

黄头发啐了一口："真是一帮老油条，钻了法律空子。"

一个学法律的补充了一条，按照如今的劳动法，不得向务工人员收取报名费和押金。

楚向南说："干脆，我们报警吧。我们这么多人等着，他们不能不管。现在他们最怕聚众闹事了。"

黄头发说："只好这么着了。我还不信了，天底下就没个说理的地儿？！"

三个小时后，大伙肚中开始饥饿，陆续有人走了。终于等到一辆警车，下来两个穿戴整齐的警察，一男一女。男的40多岁，身材高大，已经开始发福，腹部凸出，背着手，稳稳地移来；女的很年轻，也挺漂亮。腋下都挟着一个黑皮包。

"是你们报警吗？"男警察的目光在众人脸上扫了一圈。

"是的。"楚向南说。

男警察上下打量了楚向南一番。他有些发怵，仿佛过了很久才听到男警察说："说说情况。"

楚向南又将经过重复了一遍，这回说得坑坑洼洼的，不时看看黄头发。黄头发不住点头，有时还暗暗跷起大拇指。男警察默不作声，过了半晌，动了动嘴："房东呢？"

房东颠颠地跑来了，气喘吁吁，隔着衣服也能看见浑身的肉上下弹跳。她脸上每个皱纹都在笑，把铁门打开后，嘴里絮絮叨叨，尽是自我解释的话。两个警察踱上楼去，一群学生跟在后面。

四个房间空空荡荡，几只塑料袋奇形怪状地躺在地上。墙上的地图和黑板也撤了，海报撕得不干净，还悬着半张，美女的脸剩了个下巴。角落里是团掉的海报，眼睛和嘴奇怪地扭结在一起。唯一不变的是那个蚊香状的黑圈。

房间里一股霉味。男警察摘下平顶帽，脸上脖子上渗出大滴的汗珠，神情分明有些不耐烦了，朝跟来的学生说："把你们的电话留下。都回去吧。等我们的消息。"声音在空房间里回荡。

“你,”警察指指房东,“以后租房前要问清楚。”

警车开走了。他们站着看。太阳更强烈了。阳光像无数吸管，将水分都抽上去，树叶耷拉着。楚向南放松下来，感觉头发烫得焦干，但一点汗也没有。贴近地面的空气开始扭曲，像水一样波动，他看到的景物都有些模模糊糊。

楚向南觉得晕乎乎的，自己可能中暑了，也可能是太久没有喝水了，嘴里干得发慌。

此时，楚向南明确地知道，他的希望破灭了。

但是他没有办法，因为暑期支教马上开始了，他凭借着微薄的积蓄，开始忙碌于组织，而学费、生活费，就成了压在他身上的大山，一旦想起，就觉胸口发闷。幸亏，他是极乐观的，忧思萦绕时，他会忽然长长吹一口气，似乎要把愁闷都吹过去。

“虱子多了不痒，债多了不愁，走一步算一步吧。”

楚向南在艰难之中，却触发了写作的灵感，一有时间，便将目前的思绪都写下来，作为小说人物马如龙的内心写照。写着写着，马如龙从一个不可理喻的杀人恶魔，变成了一个内心脆弱、境遇可悲的可怜人。这部小说越写越长，对人物内心的挖掘也渐渐深入。

他忽然惊觉，自己和马如龙处境相同，思绪怕也有些相似。当然，他一定要走另一条路，一条光明、宽广的大道。

第六章

人类从来不缺少思想，但怎么当众表达，并且打动人心，既需要勇气，也需要智慧，所以演讲能力非常重要。怎样的演讲才算精彩呢？它应该主题新颖，材料新鲜，能增长听众见闻，与听众密切相关，同时热情洋溢。最重要的还是故事好听，因为演讲本身就是一个有开头、主体、结尾的故事。

暑假说到就到了，七月底，楚向南和杨略等人先去贵州探好了路，整个实践队伍就浩浩荡荡，来到了贵州。楚向南和杨略在贵阳火车站接上队伍，就往修文县进发。

车子在盘山公路上行驶。这是贵州独有的景致，群山虽也连绵起伏，但更喜欢各自为政，一些山峰旱地拔葱，立得高而瘦，远看像一群犀牛角。山体都是嶙峋的石灰岩，坑洼里艰难地蟠生着灌木。半山上总有许多岩洞，风一过就呜呜直叫。也有些山峰气度雍容，像一尊弥勒佛，山上全是青草，走着细小的牛马。

山峰之间，常夹着小河，似可一跃而过，在峭岩乱石间喧嚣奔腾，掀起细碎的白浪花。天却极蓝，白云扯成飘带，配以高大绿色的山体，色彩清新和谐，处处显示了自然的伟力。

杨略看窗外的景色，不由心胸一阔。而楚向南回到家乡，兴奋得颤抖起来。渺小的悲愁荡涤一空，一棵树、一朵云、一条河，会让他想起童年的点点滴滴。

同行的那些学生，早已欢声雀跃，眼睛不住地瞧，相机不住地拍，倒像是出来旅行的。自然也有学生身体较弱，一路颠簸，已颇有些头晕脑涨甚至呕吐不止。

公路曲折蜿蜒，在山腰的石灰岩上生生地切出，不时要凿穿山体，在山间铺设长桥，桥下都是深渊。杨略的脑海中，震荡着命运交响曲的旋律，不由感叹："这儿的生活可真难啊！"

楚向南连连点头，说："我们这儿的山，可全是石头，哪有丁点泥土？加上三天两头下雨，剩下的泥土也稀里哗啦给冲跑了。你看那儿，还有那儿，"他指着山间石头砌成的堤坝，围着一巴掌田地，还转不开牛，倒拥拥挤挤地长满玉米和向日葵，"就靠着堤坝，留住一点浮土，可种什么都不够吃啊。"

车子开出柏油路，拐进一条狭小蜿蜒的土路，哐哐当当地颠簸，车后尘土飞扬。偶尔经过许多孤零零的小村，最后到了一个小镇。正是中午，街边成了集市，路人很多，衣服都似乎罩着尘土，暗淡无光。

杨略注意到一些老年妇女，在街边坐着，眼睛挤成一条浑黄的缝隙，里头的精神气儿，似乎都沿着皱纹流淌一空。面色清瘦黝黑，沟壑纵横，戴着蓝色布帽，衬衫袖管里伸出两只枯枝般的手，面前摆一个背篓，卖着竹笋、豇豆、芭蕉，不太有生意，就眯着眼睛看来往过客，眉头锁着日子的艰辛。

他旁边的葛怡则关注到一群孩子。这些孩子看到一车陌生人，都十分好奇，追着来看，又不敢靠前，就推推搡搡，嘻嘻地笑着。有个两三岁大的孩子被挤得跌倒了，满身灰土，咿咿地开始哭，鼻涕与口水混在一起。

葛怡“呀”了一声，似乎想去帮忙。但车子又开动了，在满是菜叶和水渍的马路上行驶。小镇不大，只有一条直直的街，街边两排房子，大抵是红砖房，两层三层，高低错落。

不多时街道已走尽，就看到一所学校，车子在门口停下。他们整理好大包小包，因为坐得太久，腿脚麻木，只得挪下车来，就看到校门大开，顶上写着“白水镇第二小学”，这是他们支教也是落脚的地方。

校长出来迎接，是个很淳朴的乡村教师，秃顶、瘦小，背有点驼，戴着银漆剥落的眼镜，一条镜腿缠着胶带，面容和蔼可亲，还略有些拘谨，看到这么多青春洋溢的学生鱼贯下车，他看花了眼，不知和谁握手好了，只是搓着手，嘿嘿地笑，露出黑黄牙齿。

“欢迎欢迎，我们都等着呢。”

楚向南冲到前面，喊了一声：“干爹。”

校长看见，立即亲昵地捶了他一拳。

“还不叫你的同学们进去。”

他们被安顿在新盖的学生宿舍里，一幢两层小楼，一楼是食堂，二楼是宿舍，暑假里住宿生都回家了，留下空荡荡的房间，木质的双层床架，只搁着几块表面粗糙的木板，边上摆着几捆报纸。

校长连连道歉：“条件太差，太差，辛苦大家了。”

大伙儿却说窗外有水田，风景不错。等了半晌，也不见有人送席子来，面面相觑一阵，都明白了：往后这半个月，就得睡木板了。幸喜当初楚向南提醒过大家，所以大都带了毛毯。于是男女分开，各自住进房间，先垫上报纸，再铺上毛毯。

葛怡带了睡袋，只缺枕头，就用衣服折了一个。有些内急，但又不知去哪儿，她悄悄地问一旁的叶文思："文思，要不要上厕所？"

"要啊，可哪儿有厕所呢？"

"一起去找找？"

她们在宿舍楼遍寻不见，往走廊外一看，原来宿舍楼下另盖了个厕所。可叶文思刚走到门口，顿时有种眩晕，因为一股恶臭扑面而来。

"天哪。"叶文思皱了眉头，就要往后躲。她身后的葛怡倒被吓了一跳。

"你怎么了？"

叶文思不说话，只顾捂住鼻子摇头，眉头都皱起来了。

这时楚向南出现了，抱歉似的一笑。

"两位大小姐，在这儿，可不能事事讲究。"

说完，他递去几块橘子皮。

叶文思很纳闷："这有什么用？"

楚向南将橘子皮揉了一揉，搁在鼻下。葛怡和叶文思会意了，也揉了一揉，一股清香充满鼻腔。于是，就在香臭混杂之中，她俩解决了如厕的大问题。

等她们出来，楚向南迎上来，似乎有意在等着。

"咱们要去食堂集合了，我干爹准备了土特产款待大家。"

叶文思说："这儿还真挺艰苦的。"

葛怡作为组织者，之前也了解过情况。

"这儿就算不错了，毕竟是镇上的小学。"

楚向南也说："葛怡说得对。还有些小学干脆建在山洞里呢。"

叶文思叹了一口气。

"我真是孤陋寡闻啊。"

"你在大城市养尊处优，养得像花儿一样，哪知道民生疾苦啊？"

"又嘲笑我。"

吃了简单的晚饭，晚自修开始，小老师们要去与学生见面。才到教学楼，早有小孩子从窗户里探头探脑。他们本来早已放假，听说了支教的消息，特地从家里赶回，接受一下大学生的熏陶。

葛怡他们正要走进教室，忽然一片漆黑。

“停电啦！”

学生们一片喧闹。以往一停电，他们不用上课，都是幸灾乐祸的，但独有这次，他们真心觉得惋惜。

校长匆匆赶来，对大伙说：“前些天雨水太大，就引发了洪水，这不，把电线杆冲垮了。我们正赶去修呢。”

杨略立刻说：“那我们也去吧。”其他男生摩拳擦掌也要跟上。

校长连连摆手。

“我的责任，是保障你们的安全。没事，这里常有洪水，立根电线杆也方便，我们去去就来。”

话一说完，就转出教室，召集了学校的青年教师，急匆匆走了。

此时雨过天晴，天上一轮满月，洒下明朗朗的清辉。

学生们似乎习惯了停电，各自在桌子上点了蜡烛，橘红色的光亮，抖抖的，映着稚气的脸庞，有了种纯净的色彩。

校长不在，接下来该怎么办呢？大伙一时有点茫然。

杨略说：“向南，你先上去说几句。”

“我？”楚向南连连摆手，“我最怕说两句了。”

“怕什么呀，都是你的弟弟妹妹。”

“还是叶文思来吧。”楚向南向叶文思招手，“文思，你也是贵州老乡，你给孩子们讲两句。”

叶文思粉嫩的脸上，飘过一片红云。

“我什么也没准备啊。”

“你还准备什么呀，你可是歌手，还会跳舞，什么阵仗没见过啊？”

“你是组长，开场白得你来。”

杨略觉得叶文思说得在理。

“向南，你就别推辞了。”

大家伙一起努力，把楚向南推到了讲台。小孩子们顿时一片掌声。

楚向南脸涨得通红，先做了自我介绍，讲了自己的成长史，又介绍了大学的情景，校园的面积啦，风景啦，上课得骑车，他说了十几分钟，全无条理，越讲越乱，越讲心里越慌，实在憋得没辙，干脆说："咱们这些小老师里，有一位声音甜美的歌手，大家想不想听她唱歌？"

"想！"

"大家有请叶文思老师。"

孩子们热烈地鼓掌。叶文思没办法，就被推到了讲台上。她生得俏丽，让孩子们惊叹：这是电影明星吧。她是校十佳歌手，所以稍一思考，就应景地唱了一首《童年》。

"池塘边的榕树上，知了在声声叫着夏天……"

楚向南听得呆了，声音清亮而优美，就仿佛宁静的夜空里，一朵朵素净的白莲花在池塘里悄悄绽开，空气里就渗入了一丝清凉的香气，随歌声层层叠叠，渐渐传播开来。他看着叶文思，目光柔和，心绪被烛光染了一层暖色，一时有些飘然，待清醒过来，叶文思已要求孩子们来唱了。

"再没人主动，我就要点名了。你们班谁唱得最好？"

一位晒得黝黑，露着两颗大门牙的小个子男生大喊了一声："席时敏！"

那个叫席时敏的女孩顿时捂住了脸，继而又捡起一本书掷向那男生，男生灵活地躲开，咧着嘴大笑。旁人也在起哄："席时敏！席时敏！"气氛顿时热闹起来。

席时敏羞了半天，终于走上讲台，还是拘束的，但到底镇定下来，唱了首《栀子花》。她生得甜美，圆脸蛋，眼睛澄亮，头发收拾得干净，衣服朴素，但自有一番清新夺目的光彩。

果然唱得好，歌声含蓄而甜润，像只白鸽子，从绿树间探出脑袋，眼珠子看了看四周，腾地飞起来，映入蓝的天、白的云里去，似乎不见了，又似乎化作了风，凉凉爽爽地从窗口吹进来，头发轻轻飘摆，衣裙轻轻飘摆，凉风中饱含着水分，融着稻香和月色，都润入皮肤里去。

楚向南觉得周围的一切，那幽静的月影，青蛙的鸣叫，萤火的飞舞，那些笑逐颜开的孩子，都慢慢渗入他的心中，变得充盈、安稳，如同一汪清水，几乎要满溢出来。

杨略也深受感动，觉得人世的清好，便在于这宁静与欢喜之中。葛怡站在他身边，轻轻地倚靠着他。

这时，讲台上愈发热闹了。有了牵头的，大伙儿都变得活泼，你方唱罢我登场。贵州少数民族多，学生的基因里编织着迷人的音律。连那黝黑的顽皮男生也唱了一首，嗓子也不错，挺高的音也能攀上去。

第一次见面会，就这样在歌声里结束了。

接下来几天，他们就遇到困难了。原先他们把上课想得太简单了，以为一上讲台，自然能上课。其实呢，怎么安排上课时间，怎么调动学生兴趣，都是个极大的难题。这儿的学生知识面不宽，上课积极性不高，小老师们经验又不足，费尽全力，课程效果也不太好。

好不容易上完课，回到寝室，大伙儿就在讨论："怎么办呢？我上课的时候，学生睡了一大半。"

"我的也是……"

"看来，教书也不是个简单的活儿啊。"

"……"

杨略的语文课上得倒不赖，他书读得多，所以旁征博引，把许多历史故事、文学故事穿插到课本当中，让孩子们听得津津有味。甚至有一回，校长来听课，也觉得他讲得好，下课后，还专门和他聊天："听向南说，你出过书？"

"是和我爸一起写的。"

"什么内容呢？"

"关于小孩怎么读书，怎么成长。"

"太好了！那你做个演讲，我让学生们都来听听，好不好？"

"不行不行，演讲我没经验啊。"

"还要啥经验啊，我觉得你的课就上得不错。"

"这是两码事儿……"

"你书都出了，满肚子学问啊，还能没东西讲？就别推辞了，过两天，就在操场上，你给大家讲吧，我把全校学生都叫来。"

操场？杨略一阵心惊肉跳，脑子里浮现出那个画面：

他做好了充足的准备，站在高高的主席台下面，等待主持人叫他上场。他等在那儿，就像等着上刑场，双手冒汗，脸红发热，心脏急促地跳动。他背着演讲稿，却又开始担心起来：万一过会儿忘词了怎么办？万一自己讲的东西大伙儿不喜欢听怎么办？万一听众们纷纷离场又该怎么办？

等到主持人介绍完情况，他走上主席台，在掌声中，走向属于他的讲台，往下一看，好家伙，几百双，不，上千双眼睛正盯着他。他一阵阵恍惚，感觉一切都不真实，几乎是身处梦境，或者是梦魇。他恨不得一口气发言完毕，然后不管效果怎么样，马上撤退到安全地带。他的双腿开始发颤，双手不知怎么放才好。可是，总得说话吧。他尝试着咳嗽了一下，声音经过扩音器的传播，变得格外响亮，显得那样陌生。这样一来，他更慌乱了。怎么办？我的表现太愚蠢了，谁来救救我？

这个场景是如此真切，杨略越想越慌张。

正巧这时，爸爸打电话来问他的近况，听说他被邀请去演讲，就十分支持。

"可我不会啊。"杨略说。

"你以前不是在演讲里抨击教育，还上过报纸呢。"爸爸说的是他高三时的事情，杨略在红旗下讲话时，炮轰应试教育，一时掀起轩然大波。

"唉，那时候不懂事嘛。而且，当时只说了五分钟，背背现成的稿子就行，而现在得讲一个小时呢，我都不知道该说什么。"

"没事，我来教你。"爸爸时常外出举办讲座，是个演讲专家。他条条框框说了不少，可杨略不知是紧张还是什么的，怎么也记不住。

"爸，能再重复一遍吗？"

"这样吧，我给你写封信。我以前给别人做过培训，有现成的讲稿，我结合你的情况，整理一下就发给你。"

"远水解不了近渴啊。"

"电子邮件多快啊。"

"电脑没法用，这儿都停电三四天了，网络也不好用。"

"那我用特快专递寄给你。"

"好吧。"

于是，过了两天，杨略就从传达室拿到了一封厚厚的信。

第六课　当众讲话的技巧

杨略：

见字如面。

你被邀请去演讲了，我真的很开心。人类从来不缺少思想，但怎么当众表达，并且打动人心，既需要勇气，也需要智慧，所以演讲能力非常重要。

怎样的演讲才算精彩呢？理查德·霍尔在《让演讲更为有效》一书中认为精彩演讲有几个要素：

○新鲜：选择新鲜有原创性的演讲素材，寻找有趣的观点和说法。

○增长见闻：聆听演讲，如果不能有所收益，那就是浪费时间。

○密切相关：演讲要与听众息息相关，谈他们关注的话题。

○热情洋溢：我们的大脑会被情绪感染。

○故事好听：演讲本身就是一个有开头、中间、结尾的故事。

基于这五个要素，我们来设计一场精彩的演讲吧。

一、确定演讲主题

选择主题一般有三个窍门：

第一，单纯——传播一个观点。

演讲者经常犯的一个错误，就是试图通过一场讲座，传达一生所学。我曾经也试图一个小时讲完一本书的内容，结果内容庞杂，但又都只是蜻蜓点水，我自己讲得不够尽兴，听众们则是晕头转向，最后的效果让我自己也垂头丧气。

其实，正如毛泽东所言："伤其十指，不如断其一指。"在演讲中，与其面面俱到，不如专注于一个"观点"，用心地编织材料，理出清晰的思路，将这个观点牢牢地、深深地切入听众的内心。

那么，怎么选择这个主题呢？

第二，擅长——讨论你熟悉并热爱的话题。

我读初中的时候，学校经常会请一些老革命给我们做爱国主义教育。慢慢地，能言善道的老英雄们都轮完了。没办法，校长把我们村的老杨头也请了去。老杨头参加过抗美援朝，立过二等功，但平常沉默寡言，请他做讲座，几乎是赶鸭子上架。

“校长，我，我不会说话啊。”

“随便说两句。”

“随便也不会说啊。”

“那就说说你那次战场上救人的事儿吧。”

老杨头被赶上了讲台，清了清嗓子，又清了清嗓子，脑门子上汗珠儿就冒出来了。但他终于说了，起初是全无章法的，慢慢就说到了战场上的炮声，渐渐地，他沉入了记忆里，话语通畅起来：“四周枪声嗖嗖的，打中树干就啪啪地响，头顶的飞机嗡嗡嗡地飞来飞去，不停地落下一排排的炮弹，一炸就一串子大坑，把四周的林子全都点着了。咱们的部队损失大啊，只好先撤退。我和小鬼头落在后头，躲在一个弹坑里。他一边往外打枪，一边朝我喊：小杨，你快撤，我掩护你。我喊：要走一起走。他说：我的腿中枪了，走不动了。我上前去扶他。他说：不行，这样一个都走不了。我不干，就一下子背起他，也不管枪林弹雨，就跑了起来。一路上，小鬼头说：放下我吧。我说：咱们是战友，是兄弟，我就是死，也不能丢下你……”

他说着，眼角噙着泪花，嘴角微微颤抖。我们也受了感染，都听得哭了，眼前的老杨头顿时形象高大起来。

现在回头想想，老杨头的确不善言辞，但当他讲着那段终生难忘的经历时，自然能不假思索就滔滔不绝，而且声情并茂，感人肺腑。所以，演讲时要选择自己熟悉而且感兴趣的主题，这样更易于组织论据，调动热情，把心得分享给众人。

第三，关联——听众想听到什么。

一场演讲的主体是谁？是演讲者，还是听众？答案是后者，因为只有让听众听得津津有味，获得新观点，或是受到激励，这场演讲才是成功的。

所以，演讲的主题既是自己擅长的，又要满足听众的需要，把话说到听众的心里去。那如何才能知道听众的兴趣点呢？很简单，运用同理心，换位思考，当自己处在听众的位置，最想了解的是什么。

有一场演讲时，我是这样说的：

我今年五十岁了，年过半百了，好老啊，对不对？但我也有过十五岁，和大家一样的年龄。我现在非常希望十五岁的我，坐了时光机，来到了现在，就坐在你们当中，听一听五十岁的我谈谈如何规划人生。如果那样的话，我自己将非常受益，在人生路上会走得更顺利一些，更幸福一些。

就这样，我找到了听众需求，传达与他们相关的信息。我们设计演讲稿时，不要问自己“我可以向他们灌输多少信息”，而是“要让他们行动，他需要知道什么，感觉到什么”，让听众们兴致盎然，全神贯注。

有了主题，我们就要搜集大量素材，然后谋篇布局，设计精彩演讲稿。元代文人乔梦符谈到写“乐府”的章法时提出“凤头”“猪肚”“豹尾”之喻。它要求文章：开头，像凤头那样美丽；主体，像猪肚那样有充实、丰富的内容；结尾，像豹尾一样有力。我们的讲座也应如此。

二、凤头：精心准备开场白

如果是一位大明星去演讲，那么无论怎样开场都是可以的。听众对他抱有极大的兴趣，所以不管他普通话是否标准，内容是否有趣，只要讲讲他自己的故事，就会赢得阵阵掌声。

但普通人则没有这样的幸运，我们要靠内容来获得肯定。每次我去演讲时，听众们坐在那儿，一般会饶有兴趣地看看我，然后就和周围的人聊聊天，或者闷声不吭，心里却在想着晚饭吃点什么。如果我不能在开场白中牢牢抓住听众，让他们感兴趣，那我就面临着失败。猜猜看，当我发表演讲时，听众用多长时间来做出是否认真的决定呢？一分钟？两分钟？已有的研究告诉我们，我能利用的时间只有七秒。

这就是所谓的“七秒法则”。

所以，那些无关痛痒的“早上好”“很荣幸站在这里”“谢谢各位的掌声”之类的寒暄，都挪到开场白后面。最明智的做法是，开门见山，马上说一些有意义、有价值的话，干净利落，向听众们展示：

（1）我了解你们的处境；

（2）我可以帮助你们。

以下介绍几种常见的开场方式。

（一）问题式开场

北大女生刘媛媛在《超级演说家》决赛中，是这样开场的：

在这个演讲开始之前，我先问问现场的大家一个问题：你们当中有谁觉得自己是家境普通，甚至出身贫寒，将来想要出人头地只能靠自己？你们当中又有谁觉得自己是有钱人家的小孩儿，起码在奋斗的时候可以从父母那里得到一点助力？

她抛出一个尖锐的问题：出身是否能决定一切？因为听众的出身，要么普通，要么富裕，所以她的提问，就把所有听众带入了她的话题，也都激发了大家的兴趣和关注。

（二）故事式开场

所有人都爱听具体、生动的故事。所以，以故事来开场，显然是个好办法。这些故事可以是自己亲历的，也可以是别人的，关键是要与主题息息相关。成龙在《开讲了》栏目中做的演讲，就是以自己的故事作为开头：

我怎么会变成今天这个样子呢？我真的只是一个小武行，没有读过书，在社会上混着。到十五六岁的时候，开始做几十个武行中一员，总是跑龙套，拿个刀，站在后面，“啊”就这样子叫，拿五块钱一天的报酬。我记得好清楚，大冷天，两个大侠在雨中打，但我们却泡在水里面，那个难受啊，还要被导演骂：“不要动啊，咔咔咔，你们动什么，你们死掉了明白吗？”我们只好回答：“知道，知道。”我是死得最好的，可以躺那儿一动不动。导演就总叫我演，一开始不知道我名字，就叫那个谁谁谁谁，死这边，不过慢慢就知道我名字了。

这个演讲的主题是说，每个人的成长都不容易，光辉成就的背后，都要付出常人无法体会、难以忍受的艰辛。成龙以自己拍戏的历程切入，生动地阐述了这个主题，这自然是能让听众入迷而且感动的。

（三）震撼式开场

TED 演讲中，营养学家杰米·奥利弗利用了这种开场：

令人遗憾的是，在接下来我演讲的十八分钟内，将有四个美国人因为他们食用的食物而离开人间。我叫杰米·奥利弗，今年三十四岁，来自英格兰。在过去的七年中我夜以继日地工作，只为能用自己的方式拯救更多生命。

他借用了真实的数据，揭示了一个震撼人心的事实，紧紧抓住了观众：每天因食物丧生的人简直不计其数，连富裕的美国人也不能幸免。观众肯定都想知道，自己的饮食习惯是否恰当。杰米先把生存和死亡的大问题提出来，使观众凝住呼吸，去聆听接下来的内容。

（四）示弱式开场

演讲时，一定要避免自我夸耀，哪怕是有这样的苗头都不行。所以，一些明星演讲者往往通过真诚示弱，一下子拉近了与听众的距离。比如陈坤在央视《开讲啦》当中的开场白：

今天，我来这儿没有做任何准备，因为任何准备对我来说都是有的放矢。上场之前，制片人跟我说，会有十位非常优秀的朋友坐在我面前，我当时觉得我是在参加电影学院的专业课考试，一下紧张起来了。为什么呢？因为我最害怕的莫过于竞赛型的或者表现类的东西，我从小到大一直是一个比较蔫儿、比较自卑的人。2008 年之前，我都不是特别爱说话。没想到 2008 年之后，我变成了一个话痨，这绝对是真的。那么这个变化来自什么地方呢？来自我内心力量的转变。

陈坤相貌俊朗，声名卓著，平常让人可望而不可即。他为了摆脱这种距离感，就说自己很紧张，因为他从小自卑、蔫儿，害怕竞赛。然后，他话题一转，说2008年以后，他变成了话痨。这时，听众既觉得亲切，又觉得好奇：他是怎么转变的？于是他引出了演讲的主题："内心力量的转变。"

（五）幽默式开场

当会场气氛过于紧张（如果班主任正坐在旁边，冷眼维护秩序），或是过于松散（如果学生刚上了一天的课，难免筋疲力尽），风趣幽默式的开场，有利于释放压力，调整会场气氛。郎朗在题为《指尖上的青春》的演讲中，一开场就说：

亲爱的朋友们，大家好，我今天感觉很轻松，因为今天不用怎么弹琴，以说话为主。很高兴今天能与这么多年轻的朋友一起分享我的生活。我感觉还不算太老吧，刚到三十岁，终于不"二"了。

郎朗的语调是轻松的，并以自己的年龄来幽默了一把。他要说的是自己的音乐之路，与年龄密切相关。所以这样的幽默，刚好可以引出主题：刚刚三十岁，却有如此成就，他是如何做到的？这自然就吊起了听众的胃口。

1990年，中央电视台邀请台湾艺人凌峰先生参加春节联欢晚会。当时，许多观众对他还很陌生，可是他说完那妙不可言的开场白后，一下子被观众认同并受到了热烈欢迎。

在下凌峰，……是以长得难看而出名的，……男观众对我的印象特别好，因为他们认为本人的长相很中国，中国五千年的沧桑和苦难全都写在我的脸上。女观众……认为我是人比黄花瘦，脸比煤球黑。

这一番话戏而不谑，妙趣横生，令观众捧腹大笑。这段开场白给人们留下了非常坦诚、风趣、幽默的良好印象。

幽默式开场要注意几点：

1. 言简意赅。开场白不宜太长，点到即止，凌峰的开场白稍长一些，是因为他所唱的歌曲是《小丑》，所以多调侃一下自己的外表是不错的选择。

2. 紧扣主题。作为开场白的笑话，其内容可以多种多样，但应当符合当时的情景，最好与主题有关。这样既活跃了气氛，又巧妙地引入了正题的内容，达到引人入胜、事半功倍的效果。

3. 身临其境。即演讲者必须把自己和听众作为笑话的主体，也就是说，演讲者不是在“讲”笑话，而是在“表演”笑话，每一个听众都有身临其境的感觉，都认为自己是参与者，这样就更具戏剧性，更有感染力。

以上方法可以作为参考，但更重要的是，演讲的开场白要根据你所讲的内容，还有现场的气氛、听众的背景，去随机应变，建立与听众的情感纽带，并引出演讲的主题。

三、猪肚：耐心编织主体

一场演讲是否精彩，关键就在演讲本身是否有说服力、感染力，有没有新意。下面几个方法是经常用的。

（一）故事：用起伏的情节吸引听众

听众们或许记不住数字，但肯定会记住精彩的故事。这个故事，可以是自身经历，也可以是新闻事件、历史故事、文学故事，当然，如果是你编写的故事则更好。

一个好的故事，开头需要交代三个要素：时间、地点和人物。你看，格林童话《六只天鹅》就是这样开头的：“从前有个国王，到一个大森林里去打猎，他非常起劲地追赶一头野兽，他的随从没有一个能追得上他。”

而后，斗争构成了故事的主线。没有矛盾冲突，就没有故事。斗争让故事令人兴奋、有趣、富有情感。人物遭遇挫折，我们觉得紧张、同情，当他渡过了难关，我们会欢呼雀跃。

冯仑曾在央视做过一次演讲，题为《理想丰满》，谈到理想是什么的时候，讲了一段亲历的故事：

大概在七年前，我和王石一起去戈壁滩上，车突然坏了，没信号，一个参照系都没有。地下全是戈壁滩上的鹅卵石，温度之高，很快就可以把轮胎粘到石头上。我们越来越恐惧，开始焦躁。这时候司机下了车，找到一个车辙，就把车横在上面，一直等，大概过了一个小时，有一个大货车过来，停在我们面前。

我们获救了。

我们来分析一下这个故事。

首先，它有人物、地点、时间，让听众置身于茫茫戈壁，陷入孤立无援的焦虑之中。其次，它有斗争。他们在戈壁上寻找车辙，等待来往的车辆。由这个故事，冯仑得出了一个结论：人生中什么时候最恐惧呢？就是没有方向的时候。一个本来抽象、陈旧的论点，因为有一段亲历的故事而显得饱满真实。

（二）运用强大的统计数据

要想在演讲中说服别人，就需要证据，而证据有好多种，其中一个精确的统计数字有时胜过千言万语。

比如，当我们要强调抽烟对身体健康的危害，如果只是一直强调“千万不要抽烟，抽烟容易得肺癌”，就很难说服别人。可如果我们换一种说法：“根据调查，抽烟者得肺癌的概率，是不抽烟者的十倍。”抽烟的危害就不言而喻。

当然，统计数字有时候显得非常枯燥，这时，我们应该要用生动、鲜明的语言来说明这些数字。比如，香飘飘奶茶的广告语：“杯装奶茶开创者，连续六年销量领先。一年卖出七亿多杯，连起来可绕地球两圈！”如果只说一年卖出七亿多杯，观众肯定感觉很抽象，没概念。但是加上“连起来可绕地球两圈”，马上就给人很直观的感觉，后来在市场上反响热烈。

（三）运用各种修辞手法

修辞与演讲密不可分，它是专为演讲而生的艺术。我国汉朝文学家刘向就说：“辞不可不修，说不可不善。”恰当的修辞，可以令演讲熠熠生辉，让听众情感起伏，时而紧张，时而轻松。而没有了修辞的演讲，则显得非常的枯燥无味，像是一板一眼的照本宣科，让听众昏昏欲睡，产生抵触情绪。

下面介绍几种常用的修辞手法。

（1）比喻：用鲜活的形象打动听众

运用比喻，就好像黑暗的舞台上，忽然亮起了聚光灯，把听众的注意力集中到该关注的地方。因为比喻可以让抽象概念变成活生生的画面，可以让遥远的事物变得触手可及。

比如丘吉尔向议会报告敦刻尔克大撤退的奇迹："德军突然发动大举进攻，好像一把锋利的镰刀，紧紧围逼住北部联军的右翼和后方。"这里将德军比作"锋利的镰刀"，非常生动有力。

比如我在讲座中，涉及大脑神经细胞的连接，这是比较生僻的学问，于是我也做了比喻："一个人的智能，是由神经元以及神经元上突触的多少决定的。这就好比一个地方富不富，就看交通是否便利，所以有'要致富，先修路'的口号。智能区域也是一样，突触多，意味着道路通畅，脑子快，反应灵敏，综合起来两个字，聪明！"一个好的比喻，可以使演讲变得生动、充实、丰满。

（2）排比：用澎湃的气势抨击心房

《我有一个梦想》是马丁·路德·金于1963年8月28日在华盛顿林肯纪念堂发表的著名演讲，内容主要关于黑人民族平等，对美国影响很大，其中有一段气势磅礴的排比，充满了力量和诗意，时隔五十年，读上去依然让人心潮澎湃。

我梦想有一天，这个国家会站立起来，真正实现其信条的真谛："我们认为真理是不言而喻，人人生而平等。"

我梦想有一天，在佐治亚的红山上，昔日奴隶的儿子将能够和昔日奴隶主的儿子坐在一起，共叙兄弟情谊。

我梦想有一天，甚至连密西西比州这个正义匿迹、压迫成风、如同沙漠般的地方，也变成自由和正义的绿洲。

我梦想有一天，我的四个孩子将在一个不是以肤色，而是以品格优劣来评价他们的国度里生活。

本段文字语言形式整齐有序，读起来铿锵有力。在这里，马丁·路德·金向民众描绘了一幅未来生活的美好画卷，让听众们充满了期待。

（3）引用：借用别人的智慧照亮自己

梁启超在题为《人权与女权》的演讲中说：“庄子说的好：‘水之积不厚，则其大盘也无力。’诸君要知道自己责任重大……”因为他的听众是学识颇丰的女子师范学校学生，在这里引用庄子的话，既是以先贤名言作为佐证，也是与这些才女们进行精神交流，拉近了彼此间的距离。

著名主持人汪涵在《开讲啦》当中，有一段非常儒雅美好的话语：

主持人应该在舞台上像春风一样，他能够让舞台上所有的一切变得自然妥帖，就像顾城的诗写的一样——“草在结它的种子，/ 风在摇它的叶子，/ 我们站着，不说话，/ 就十分美好。”

演讲时，他张开双臂，表情轻松陶醉，语调温和轻盈，与所引用的顾城诗句意境如此契合，让听众也顿时感到美好起来。

四、豹尾：完美收尾

在餐馆里吃饭，一道道菜端上来，等大家吃饱喝足，服务员会上一盘水果，色彩丰富，甜蜜可人，以此圆满结束宴席。在演讲中，结尾就是这样的餐后水果，引起听众的情感共鸣，使演讲余味无穷。

因为听众已经疲惫，记录本已经合上，大脑也已打包，就准备起身离开，演讲者再讲道理、列数据，显然是徒劳，但却可以瞄准情感，用强烈的情感，或是优美的故事，对演讲进行华丽的终结，美妙地提升，让听众深为触动。

邓亚萍在《开讲啦》中，讲述自己从奥运冠军到剑桥大学博士、商界女强人的转型故事之后，是这样结尾的：

你如果想成为一个一般的人，你肯定只会遇到一般的问题和挑战；如果你想成为拥有最好生活的人、最成功的人，你一定会遇到最大的挑战和最大的困难，最后成功与否取决于你自己的态度。谢谢，谢谢你们支持我的演讲。

航天英雄杨利伟在《与责任对话》的结尾处，热泪盈眶地说：

祖国和人民用智慧的双手把我们送入了太空，所以我们要有一种精神，这种精神来自我们肩负的责任，我们对待自己要有超越的精神，对待事业要有执着的精神，对待人民要有感恩的精神，对待祖国要有奉献的精神。我想在这里和青年人一起共勉，让我们带着这份责任，去工作，去生活，去创造我们的未来。

这些都是成功的例子，让结尾处腾飞起来，把热情播撒到听众的心田里去，值得我们学习。

好了，今天的信就先写到这里。

祝福你。

最爱你的

倪甫清

8月1日

读完了信，杨略就开始写演讲稿。

首先他在想，学生们到底想听什么？大概是比较实用的吧，他想到了“自控力”，于是确定了题目“自控力成就杰出青少年”。

怎么开头呢？他想到了一个人物，邓亚萍，一个体坛名将，退役后去清华读书，起初认不全26个字母，全凭自控力，从零开始，做了学霸，后来成了剑桥大学经济学博士，实现完美转身。

好，就以这个故事开头。

那么，中间讲什么？

他写了好多，删来改去，最后确定三段，又浓缩为三句话。第一句话，分清任务的轻重缓急。第二句话，专注，向时间要效率。第三句话，克制拖延，给自己第一推动力。在每句话后面，他加上了一个真实案例，不外乎他、陶坷坷、曾泉等人的故事。

至于结尾，他又设计了一句话，“天才不是原因，而是结果”，并以科比·布莱恩特每天看到凌晨四点的洛杉矶为例，告诉学生们，任何伟大的成就，都离不开天赋与努力，最好的办法，就是发现特长，并不断进取。

在演讲的当天，他努力地背着演讲稿，但一上台，还是紧张地忘了词。幸好，他记住了主题和大纲，还有重点的四句话，几个案例都可以现场扩充，所以越讲越好，当他致结束语时，学生都兴奋地鼓掌了。

居然还没有通电，手机渐渐罢工。支教的小老师们白天上课，晚上唱歌，倒也乐在其中。条件越来越艰苦，到了第四天，水龙头也不出水了。校长一日急似一日，总往学校外边跑，回来面对着这群大学生，直喊惭愧，这么大老远赶来，连口自来水都喝不上。

杨略说：“校长，没事的。没自来水，咱挑井水喝。没电，咱可以聊天，唱歌，看星星。不怕您笑话，我是多少年都没正经看过星星了，城市里的天，一到晚上红彤彤的，哪有什么星星啊。在这儿住上段日子，不用老是上网、看手机，倒挺清闲的。忽然想明白了，通信那么方便，信息那么丰富，不一定是好事儿啊，心里安静，那才是千金难买的。对吧各位？”

到了第五天，太阳不见了，雨开始缠绵不绝。初到贵州时，虽说每天都会落一阵雨水，有道是天无三日晴，但随即就会云开日出。可这场雨却下得生猛，无休无止，晨起时在下，入夜了还不消停，气温就开始下降，有时竟要穿上外套了。

没有自来水，男生可以去井边冲洗身子，女生害羞，只好打桶水回来上下擦洗，总觉身上黏黏答答，不够清爽，似乎有股发霉的味道。或许是水质不佳，几个女生感觉身上发痒。尤其是叶文思，浑身起了红点，奇痒难当，许多地方抓破了，于是被紧急送到了县里医院。

楚向南自然是最为积极的，一路陪伴，到了医院，挂号，付费，买水果，照顾得十分周到。叶文思经过诊疗，不过是过敏性皮炎，于是买了药，就回去了。

在路上，叶文思看到楚向南凝视着她，就用手去挡住长满红点的脸。

“别看我，太难看了。”

“无论怎样，你都好美。”楚向南脱口而出。

叶文思的脸渐渐红了，让楚向南也有些拘束。过了一会儿，叶文思才说：“向南，谢谢你。”

楚向南听到叶文思只叫他的名字，显得那样亲切，一时结巴起来。

“没……没事，谁让我是东道主呢。”

“我家也不远啊。”从修文到贵阳，也不过是个把小时的车程。

“那……你要不要回趟家？”

“不了，这么点小毛病，本姑娘不会打退堂鼓。”

“想不到，你还挺坚强的。”

“那是。”

楚向南忽然发现，他们第一次有机会单独相处，并说这么多话，只是说的都是废话。而且这条路太短，他觉得自己还没说什么有分量的话，车子就到学校了。不过在告别时，叶文思对他甜甜微笑，又让他得到了些鼓励。从这天起，他就时常与她通信息。

先是关心：“文思，身体好些了吧？”

渐渐地，就转入私人话题：“文思，无聊吧，给你讲个鬼故事，我爷爷亲身经历的哟……”

他也不忘展示自己：“文思，看看我新写的诗。”于是，把一些短诗发过去。

他有时候没话找话，写一条信息，“文思……”刚开了头，却不知该说什么好。

幸好叶文思响应得颇为积极，互发消息，往往发到深夜。什么话题都聊：音乐，她家的小狗，叫什么来着……对了，叫拉拉……还有亚瑟，威廉姆·华莱士……无拘无束。很快，宿舍里的人瞧出异样，拿诡异的眼神瞄他。他也疑惑：叶文思喜欢我，还是只当我是个好哥们呢？

室友开始怂恿。

“那你向她表白啊！”

他很犹豫，觉得自己穷，长得不好看，叶文思家境那么好，会看上自己吗？

就在楚向南的疑惑中，支教又进行了几天，下雨，缺水，颇有些学生打退堂鼓，但有件事情，却让他们彻底打消了撤退的念头。

第六天清晨，雨稍稍停歇了，叶文思听见窗外鸟鸣，声声入耳，觉得快意，就起了床，下楼去洗脸时，却发现楼梯上有些异样。只见每级台阶上都摆了块硬纸板，上面是歪歪扭扭的毛笔字。

“你们快来看哪。”她回头兴奋地喊了一声。

同学们都纷纷跑出宿舍去看，只见那硬纸板上写的是：

感谢老师。

老师，我爱你们。

老师你们最美。

……

看得出来，是那些学生偷偷做好，趁着夜色摆到这里来的。葛怡眼前浮现起那些脸蛋，顽皮的、乖巧的，都在微笑，那么真诚可爱，真想伸手去抚摸一下，心里一股暖意，眼睛不由湿润起来。

这时更多的同学下楼来，都看见了纸板，顿时议论纷纷。

“这帮学生，还真是懂得感恩……”

剩余的话，大家都没有说出来，但从此再没有人抱怨条件艰苦。在教室里，谁也没有提纸板的事情，只是把课上得更精心，课后与孩子们玩耍游戏时，也更添了几分亲近之意。

第七章

吸引力让两人走在一起，一些细枝末节的共同点，让他们倍感兴奋。可是，真正让他们能够相处的，是关键处的共同点——彼此的价值观（比如金钱观、事业观、家庭观）——是否相同，或相似。爱情是双人舞，一个跳探戈，一个跳拉丁，又怎么能合拍呢？谈恋爱时，就要知己知彼。合拍，白头到老；不合拍，另请高明。

纵然天不作美，社会实践的计划却要开展下去。调研小分队每天冒雨出去，发问卷，做访谈，晚上回来还得挑灯做总结。

终于把电等来了，DV 传情小组立即奔赴高巴岭村。杨略、葛怡、楚向南和叶文思参与了进去，一行六人背了包，出了小镇，由楚向南带队，走进山里，翻山越岭而去。

路都是在山腰上开凿的，铺了一层鸡蛋大的碎石子，棱角张扬，硬生生的硌脚，走路时稍有不慎就容易崴脚。如此走了个把小时，终于开始走下坡路，路边是玉米地，点缀着盛开的向日葵。

走到山脚，只见一片烟草地，宽长条的叶子之间，开着淡紫色的小花。再过去就是一条小河，水势颇为凶猛，浑黄混沌一片，急匆匆地往前奔涌，河边的麦子被淹得只冒出一个穗儿。

河边有一个村落，这就是他们的目的地——高巴岭村。村子倒不像想象中那般破落，都修了砖房，门窗上安着玻璃。房屋前后都种满了树，有核桃树樟树之类。

他们走到了一家，门前有一棵极其高大的香樟树，足有十来米高，冠盖张开，直径有十几米宽，蓊蓊郁郁地生满了叶子，被雨水清洗得发亮。一头牛拴在树上，静静地吃草，一群鸡在草堆里咯咯啄食。

之前已通过电话，早有一位老汉在门前等候，头发稀疏，脸上皱如松皮，披一件水泥白的外套，光脚穿一双煤黑的布鞋，眯着眼睛，远远地招手。

六个人一进屋，空间顿时有点局促。桌子上早摆好了果品，一位奶奶从后屋走过来，满是皱纹的脸上堆满笑容，眼角一块大黑痣，笑起来齿缝很大，抓起瓜子就一一分过去，走路有点瘸脚。

她的脚边还忸怩地站着一个小姑娘，不过四五岁，两条麻花辫，扎着粉红蝴蝶结，皱着眉头，打量着这群陌生人，目光腼腆而忧郁。大学生们问她名字，逗她玩，又拿出小玩具，她也不太开心。

楚向南把 DV 连到电视机上，屏幕里出现了一个男子，年轻憨厚的脸，穿着还算整洁，坐在床上，背后是一面墙，贴满报纸，中间是一张廉价的彩印西湖风情图。

“爸爸妈妈在家的嘛，活儿能做多少算多少，注意保重身体，带好艳曦就可以了。艳曦呢，就好好听爷爷奶奶的话，乖乖等我们回来看你……”

简单的话语，而且因为对着摄像机，那男子表情显然有些拘束，但小艳曦听到熟悉的声音，又看到熟悉的脸，目光先是有些奇异，但随即就嘤嘤地哭起来，气氛顿时变得忧伤。奶奶流着眼泪，对大学生们说：“这孩子，已经半年没见她爸妈了，倒也还记得……”

楚向南起初觉得DV传情过于形式化，但此时却感慨叶文思的细心。子女外出打工，虽然可以与家里通电话，但毕竟只能听到声音，两三岁的孩子，久不见父母，怕早已忘记他们的面容了，如今用视频记录音容笑貌，又是一些大学生不远千里送来的，自然可以更加宽慰人心。

看罢了视频，大家都逗小艳曦玩，百般作态，终于让她破涕为笑。她奶奶捏着她的脸蛋：“这孩子，平时还会唱歌跳舞呢，现在人多，害羞了。”

叶文思顿时来了兴趣，蹲在艳曦面前，用很温暖的声音说：“小艳曦，我们一起唱首歌给爸爸妈妈听好吗？”为了让她进入状态，她先唱了几首童谣，表情丰富而有趣，让艳曦也高兴起来，一扭一扭地跳起舞，脆脆的童音唱道：“两只老虎……”粉红的脸蛋明媚可爱，露出两颗小虎牙。

楚向南很感动，看着叶文思正在问长问短，是那样的优美可爱。

“我爱你，我爱你……”他默默念叨，一阵心魂飘荡，柔软的快乐，从心脏扩开到全身。再没有什么比心有所属更让人快乐，更让人充实，更让人觉得生活的明媚和力量。就该不顾一切地去爱啊。真正的爱，近乎博爱，只要付出一万分快乐，能得到回应更是幸运。将一颗完整的心，热腾腾地捧出来，交到爱人手里，从此幸福也罢，受伤也好，都是真挚而动人的。

当晚，大家把手机充上了电，杨略把笔记本电脑打开，苦于没有网络，只好又关上。男生们听着外面的雨声，闲来无事，就在一起聊天。

曾泉说：“今天叶文思表现得真不错，长得又漂亮，歌又好听……”

杨略说：“大嘴，你就别惦记了，名花已有主啊。”

曾泉说：“谁啊？福气不浅啊！”

杨略说：“还能有谁，向南呗。”

楚向南却叹了口气，说：“我也只是远处看几眼罢了。”

杨略问：“你向她表白了没有？”

“没呢。”

“你赶紧的呀，大嘴都惦记上了。”

“我怕一表白，她拒绝了我，最后朋友都做不成。这些天好不容易培养出来的感情，就这么付诸东流了。”

“那你就这么暧昧着？”

“还能怎么办呢？”

杨略正不知怎么宽慰他，曾泉忽然想到了一个很重要的话题。

“你们说，表白到底有没有用啊？”

杨略说：“当然有用啦，爱要大胆说出来嘛。”

曾泉说：“可我都表白了好多次了，什么用处都没有啊。”

杨略哈哈地笑起来：“你都和谁表白了？”

“我们学校的几个美女啊。”

“几个？到底几个？”

“两个。”

楚向南也不禁笑了起来。

“才读了一年书，就向两个女生表白？你真行啊！曾泉，你都怎么表白的？”

曾泉是个人来疯，一看有人关注，立即来了精神，整个人坐在床板上，绘声绘色地讲起来。

“我就买蜡烛啊，在女生楼下编一个大大的心形，然后我弹吉他，要多浪漫就多浪漫。”

“然后呢？”

“女生根本没下楼啊。”

男生们都觉得这大嘴真是可爱。

“那么，第二次呢？”

“第二次的女孩是学生会的，我为了向她表白，就换了一招。在学院晚会的时候，我去上面唱歌，正唱到中间停顿的时候，我打出横幅，大声喊女孩名字，说我爱你。会场里的人全都疯掉了，吹口哨的吹口哨，尖叫的尖叫。你说，这场面，浪漫不？”

“浪漫，然后呢？”

“女孩跑了。”

寝室里的男生都嘿嘿嘿地笑起来。

曾泉说：“后来我一总结，表白啊，根本没用。而且，死缠烂打也不行。杨略，你向葛怡表白过吗？”

杨略仔细地想了一想，他们从初中就是同学，可谓风雨同舟，情投意合。

“好像没有明确表白，就那么自然而然，水到渠成啊。”

“对嘛。这才是爱情的正道。像我们这些‘草根’，一见钟情不可能，死缠烂打呢也没用，真是失败啊。”

楚向南却说：“人家不是说，A 女嫁 C 男吗？人丑更要多加油啊！”

曾泉说：“那是 A 女变剩女，没得挑了，只好找个 C 男将就。唉，爱情啊，爱情！”

杨略说：“爱情很神秘，但追求爱情肯定有方法吧？”

“方法就是成为高富帅，可矮穷矬做不到啊！”

“也不一定，我觉得，志同道合才最重要啊。”

楚向南听了，若有所思。他和叶文思一同来支教，这本身就意味着志同道合，最近又变得亲密，往后很有发展的可能。他忽然一阵激动。

“那兄弟们给我出出主意，我该怎么办呢？”

“我去问问我爸。”

大家都笑起来，曾泉咧开大嘴说：“杨略，你都多大了，怎么还一有事就找爹啊。”

杨略答道：“我爸正给我上沟通课，男女间的沟通可是最要紧了，按照课程设置，他本来就要说的。而且，我和葛怡相处得也不太好，你看，来贵州这些天，又闹了好多口角了。”

曾泉说：“行啊，那你爸什么时候能回信啊？”

“过两天吧。”

“到时候资源共享啊。”

“没问题。”

事情正如杨略所料，几天以后，爸爸的邮件就到了。

第七课　爱情的艺术

杨略：

见字如面。

以前我们也谈过爱情，不过说来惭愧，初中时谈爱情，是说你还小，情感不稳定，要以学业为重；高中时说，真正的爱情要彼此相知，并能携手共同经历人生风雨。

但总体来说，说得都太简单。你现在已是大学生，面临爱情，以后将要面对婚姻，这都是人生的大事，要慎重对待。有人说，爱情是一条河，谁都是摸着石头过河。为了不至于如此茫然，我要和你好好分析一下爱情是怎么回事。

一、谁会爱上谁？——关于吸引力

访谈节目中，一位女明星巧笑倩兮，光华照人，明艳不可方物。

主持人："你这么美，追求你的人肯定很多吧？"

女明星说："我已准备好等人告白，希望有人对我说'希望能和你一起走下去'，但都没人追，爱情给我的感觉好像很遥远。"

大家听了，都觉得难以置信。一位全民女神，怎么可能没人追呢？排队都排到月球去了吧？许多人就揣测了，哦，她是故意装可怜，传播一种信号：我正单身，你们快来吧。女生一直以来都在追求者中进行选择，所以追求者越多，选择余地越大，自然就越能找到如意郎君。

不过，我却觉得她说的是实话。

极品女性，因为太具有吸引力，很容易没人追。

为此，曾有一项实验：一位校花出现在教室里，男生们纷纷注视。然后，实验人员经过调查，发现所有男生中，只有3%表示会去邀请她约会。其他人拿不准女生的反应，所以选择等待，想通过一段时间的接触，去看看彼此是否有共同兴趣。如果自惭形秽，认为女生不可能青睐自己，就会选择放弃。

此外，期望值还可以用公式表示：

期望值＝吸引力 × 成功率

女明星优雅迷人，吸引力爆表，但男性如果自认为追求的成功率为零，那期望值也为零，如果他心理正常，那宁可选择远观，也不会贸然出击。于是，人们虽然都想得到完美的伴侣，但最终结果是和与自己吸引力相当的人配成对。已确定爱情的伴侣，他们的吸引力往往是类似的。

这种现象，我们称为般配。

那么问题来了，到底什么是吸引力呢?

二、吸引力的基础是奖励

人与人产生吸引力，是因为对方的出现，对我们有奖赏意义。比如，与相貌俊美之人相处，我们觉得赏心悦目，如沐春风；与风趣幽默之人相处，我们乐心开怀，倍感愉悦。如果某人有钱、有地位，能带来物质奖励，当然也有吸引力。如果两个人有共同兴趣、共同志向、共同经历，也更容易彼此吸引，因为他们得到了奖励——心灵共鸣。

总体来说，吸引力主要有如下三类：

A. 内涵吸引力：热情忠诚，风趣可靠，善解人意，有才能。

B. 相貌吸引力：长相俊美，身材性感，健康有活力。

C. 物质吸引力：经济宽裕，有权势，生活安定。

如果我们是在寻找终身伴侣，会对三者都认真考虑。一般来说，男生在选择女友时，更注重 B，其次是 A，对 C 一般考虑不多。研究者发现，普通的男性更喜欢没什么金钱但漂亮友善的女子，而不是有钱但爱抱怨或温柔但丑陋的女子。因为社会赋予男生的职责，就是要事业有成，以丰裕的物质来保护妻儿。

女生在选择男友时，考虑得会更多一些。你知道，牛、羊一出生就能行走，很快就能独立生活。而人类则不一样，有着漫长的哺乳期。于是，在人类历史上，女性在孕期和哺乳期时，就不能劳作，需要寻找强有力的男性来保护。她们在考虑伴侣时，更看重地位、经济条件、才华、忠诚、热情。

我们有时看到一个大腹便便、满脸肥肉的男子，身边却跟着一位身材苗条、面容姣好的美女，也就不足为怪了，因为他的吸引力源于物质或是内涵。

不过，随着社会的进步，女性越来越独立，能参加各种工作，收入也与男性不相上下，男女越加平等。这时，女性不再依赖男人的地位和资源，所以选择伴侣的标准也有了变化，更注重相貌和内涵。这更符合年轻人的爱情观——

我爱你，只因为你是你！

所以，当两个吸引力不对等的人走在了一起，我们惊讶之余，会给他们一个标签：“真爱。”

那么，爱情到底是什么？

三、爱情三角形

这是一位文学家反复探讨，但没有定论的命题。而心理学家反倒给出了定义。

耶鲁大学社会心理学家斯腾伯格认为，真正的爱情是一个等边三角形：激情、亲密和承诺三个边的完美组合。然而，爱情的正三角形是一种理想的状态，现实中的爱情并不都是完美的。

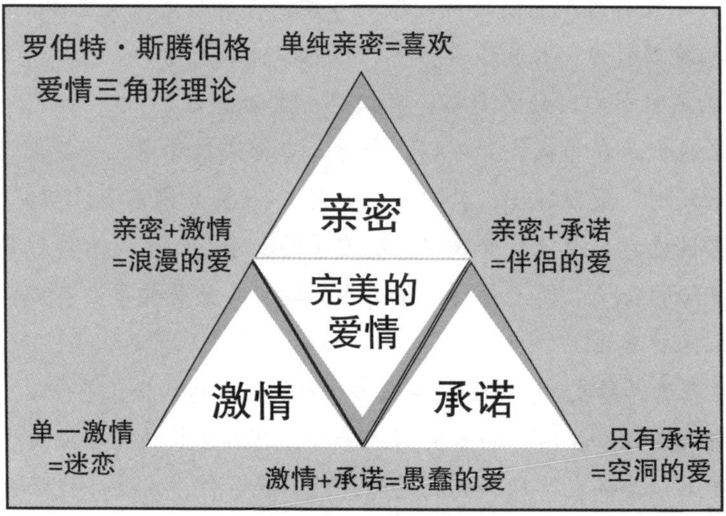

斯滕伯格说，爱情体验由激情、亲密和承诺三大要素构成。

○激情指的是一种情绪上的着迷。个人的外表和内在魅力是影响激情的最重要因素；

○亲密指的是两人心理上相互喜欢的感觉，包括对爱人的赞赏、照顾爱人的愿望、自我展露和内心的沟通；

○承诺指的是个人内心或口头对爱的预期，是爱情中最理性的成分。

斯腾伯格根据三大要素组成七种不同类型爱情：

1. 喜欢式爱情。只有亲密没有激情与承诺。喜欢多表现于友谊，或者是目前流行的异性闺密。现代社会男人处于高压之下，遇到了坎坷不顺心，会希望找异性倾诉。女性呢，也需要有个男闺密，“逛街时充当司机导购，搬家时变身大力士，伤心时化身知心姐姐，遇险时升级贴身保镖，不痛快时还可当沙包”。

2. 迷恋式爱情。只有激情没有亲密与承诺。比如《少年维特之烦恼》里的维特，对绿蒂无限迷恋：“每当我指尖儿无意中触到她的手指，每当我俩的脚在桌子底下相互碰着，呵，我的血液立刻加快了流动！我避之犹恐不及，像碰着了火一样。可是，一种神秘的力量又在吸引我过去……我真是心醉神迷了！”

3. 空洞式爱情。只有承诺缺乏亲密和激情。胡适早年留洋，26岁回北京，任北京大学教授，首倡新文化运动而一夜成名，早年得志，一生显赫，是中国自由主义的代表人物。但他却被包办婚姻，娶了大字不认识几个的江冬秀。他虽然极力主张婚姻自由，主张破除陋习，但是为了不让母亲伤心，他接受了这份“苦涩的礼物”，一生不曾离异。

4. 浪漫式爱情。只有激情和亲密，没有承诺。这种爱情崇尚过程，不在乎结果。作家萨特与奇女子波伏娃相爱，但不结婚，波伏娃写道：“我们不发誓永远忠诚，但我们的确同意延迟任何分手的可能性，直到我们相识三四十年的永远的年代。”他们坦诚地吐露、赤诚地面对，他们相守了一辈子却并无一纸契约的羁绊。

5. 伴侣式爱情。只有亲密和承诺，没有激情。相处时间一久，爱情渐渐成为亲情与友谊，彼此相伴相知，虽无激情，但有亲密，有承诺，有义务，最后也成就了长久而幸福的婚姻。

6.愚蠢式爱情。只有激情与承诺，没有亲密。没有亲密的激情顶多是生理上的冲动，而没有亲密的承诺不过是空头支票。“闪婚者”号称八秒钟可以爱上一个人，五分钟可以谈一场恋爱，一个礼拜踏上“红地毯”，十分高效。但是，一项最新调查显示，闪婚者的离婚率竟然高达65%。有闪婚者黯然地说：“原来我跟他的思维方式、生活习惯相差这么大，虽然我很爱他，但是我并没全面地了解他。”

7.完美式爱情。包含激情、亲密与承诺。郭靖与黄蓉早年相遇，便彼此相爱。黄蓉机敏灵巧，聪明绝顶；郭靖敦厚豁达，胸怀天下。两人共同经历江湖磨难，情深意浓。本来他们可以隐居桃花岛，过安宁美满日子。但郭靖却要镇守襄阳，而黄蓉深知靖哥哥不是凡夫俗子，便从旁相助。最后虽战死沙场，却演绎了一段完美爱情。

当然，我们被郭靖与黄蓉、杨过与小龙女的爱情故事感动时，难免也会为令狐冲苦恋岳灵珊而忧伤。的确，爱情无限美好，但许多人陷于凄凉的单恋之中，思之不得，辗转反侧，真是痛苦难当。

所以接下来，我们来谈谈如何追求心爱的人儿。

四、表白不是冲锋号角，而是临门一脚——情感分层升级理论

有一位大一男生写信来，说他爱上了班里的女神，不知该怎么办？因为信里说不太明白，于是转为QQ聊天。你瞧，爸爸在家里做了知心大叔呢。

男生急切地发来一大串：“我应该去表白吗？如果表白，我该用什么形式？是在操场上点心形的蜡烛？还是往她抽屉里塞玫瑰花和情书？杨叔叔，您是过来人，给我支个招吧。”

我隔着屏幕，就能感觉到他体内荷尔蒙在蒸腾。

“你平时和她交流得多吗？”

“……不多，我不敢……我一般只是远远地看。”

“那你就想去表白？”

“对啊，爱就要勇敢地说出来啊。不说出来，她怎么会知道？”

“那么，请你换位思考一下。如果你是女生，突然有一天，一个不太

熟的男生捧了一大束花，大庭广众之下单膝跪倒，向你表白，大伙儿在旁边起哄：答应他！答应他！你会有什么反应？”

“我……”过了很久，他才发来一条信息，“好尴尬啊。如果我不喜欢他，应该……会拒绝吧……”

“你会因为他表白的方式很热烈就接受吗？”

“……不会。”

“所以啊，双方是否能相爱，其关键因素，并不是表白得是否热烈和真诚，而是彼此的吸引力，还有你们的感情积累到什么程度。”

男生有点听不懂了。于是我告诉他，女孩子在情感方面很谨慎，她们需要安全感。当她对你根本不了解，也没有感情基础，你贸然表白，她为了避免伤害，只能选择拒绝，而且因为众目睽睽之下发生这样的事，以后两个人做朋友都难了。

“那我该怎么办呢？就这么算了吗？”

“继续爱啊，大胆地和她交流，让彼此逐渐熟悉，慢慢变得亲近，甚至亲密，但不要贸然表白。等到感情成熟，一切水到渠成，根本用不着表白呢。”

“可我还是一头雾水啊。”

于是我告诉他魔鬼咨询师阮琦创作的“情感分层升级理论”。他将情感的发展分为“搭讪→认识→普通朋友→好朋友→男女朋友”五个阶段，在各个阶段都必须打下坚实的情感基础，不要慌忙急躁，等到机会成熟，再由男生来主导，逐层引导升级。

“哇哦，这都升级为理论了，太棒了！”男生顿时来了兴趣，“但是，我怎么知道什么时候机会算成熟了呢？”

我发给他一个表格，他一看就恍然大悟了。

阶段	女生表现	男生对策
回应阶段（普通朋友）	接你电话，回你短信，与你聊天，态度礼貌，内容平淡，但至少搭理你。	保持联系，偶尔相约，细心观察，不要口水式赞美，不要送礼物。
倾诉阶段（好朋友）	对你说话很多，内容具体，感到舒适，话题丰富。这样的倾诉，说明她信任你，有安全感。	牢固好朋友的关系，至少坚持几个月，不要贸然表白。
关注阶段（好朋友）	对你的话题积极响应，对你的生活充满好奇，会去看你的QQ空间、微博、微信朋友圈。这代表她对你有兴趣，有好感，并且在意你。	可以言语表白，或是适当身体接触，女孩可能没有马上答应，但男生要显得轻松自信诚恳豁达，不应马上垂头丧气，偃旗息鼓。
依顺阶段（男女朋友）	容易邀约，愿意和男生在一起，交流时会有情感流露，会谈及个人想法，这时她已心生爱情了。	可以直接表白，她会欣然答应，让彼此陷入极度幸福之中。

“除非你清晰地看出，你们都是一见钟情，否则，你们的关系是要一层一层升级的。”

“如果她就是停留在某个阶段，完全没有进展呢？”

“那……其实还是放弃比较好。”

“可我还是舍不得，怎么办？”

“如果一段情感让你觉得魂不守舍、怨天尤人、悲观绝望，对学习、工作等其他事情都失去兴趣，整个人无精打采、狼狈不堪、魅力全无，那说明这段单相思是有害无益的。而且你越显得悲惨，对方越是对你没兴趣。这时候，你就尽早放弃吧。”

“那应该很痛苦吧。”

“谁说不是呢，但也只能如此了。”

男生千恩万谢地去了。过了几个月，他告诉我，他们升级到关注阶段了。

嘿嘿，祝福他们吧。

五、谈恋爱到底谈什么

遇到重大爱情袭击时，内心翻江倒海，情绪极度亢奋，觉得世间再没有比这更幸福的事。说白了，就是大脑中多巴胺大量分泌，让人感到欣快、精神抖擞、精力充沛。但是，这段爱情，你能确定，真的就是你希望的爱情吗?

阿兰·德伯顿在《爱情笔记》里，写了一段爱情故事。他乘坐飞机，从巴黎飞往伦敦，与邻座女孩海阔天空地闲聊。下飞机时，他们意识到，他们相爱了。

就是这么简单而神奇。他兴奋地发现，他们真是天造地设的一对儿：

这不是所谓的迷信，克洛艾和我找到诸多的细节，尽管都是一些琐屑之事，来证实我们直接的感受：我们命中注定为彼此而生。我们都出生在双数年份的同一个月的午夜前后；我们都学过竖笛；都在学校排演的《仲夏夜之梦》中扮演过角色；我们左脚趾上都有两颗大大的痣；同一个后臼齿上都有条裂缝；我们都会在阳光下打喷嚏；都喜欢用餐刀挑出番茄酱；甚至我们的书架上都有同一个版本的《安娜·卡列尼娜》。也许这都是微不足道的小事，但是，这足以使信徒们建立一种新的宗教。

的确有好多共同点啊，所以他们也很快就在一起了。但是，这并非一本浪漫爱情小说，而是在用手术刀剖析爱情的前因后果。他们很快就出现了隔阂，不断争吵，最后分手了。有点讽刺意味的是，在小说结尾，他又在飞机上遇见了一个“天造地设”的女孩。

天哪，爱情就是这么不稳定吗?他们有那么多共同点，难道还不足以维持长久的爱情吗?

其关键问题是，他们的“共同点”，到底属于关键因素，还是细枝末节。

我们来听一个故事。

悠悠的闺密小玉和建明风风光光地结婚了。建明是一企业老总的儿子，所以宴席很隆重，据说摆了一百多桌。谁知，还不到两个月，小玉就愁眉苦脸地找到悠悠。

“我实在受不了了。”

“矫情了吧？瞧你们小夫妻日子过得，一线江景豪宅住着，宝马车开着，我们是羡慕都来不及呀。”

“唉，这都不是重点！你不知道，我老公整天不思进取，上班应付完工作，一回家就知道玩游戏，连家务活儿也不动手帮忙做一下。”

“人家是少爷，养尊处优惯了。”

“唉，可关键是，他对人生完全没有理想和计划，就是得过且过，整个人就跟个小孩儿似的。”

“这种心态，不也挺好吗？”

“好什么呀，你也知道，我喜欢交际，偏偏他喜欢宅在家里。我带着他出去结识人，他别别扭扭的，搞得大家都不开心。我想在事业上有所追求，开创一番新的天地。可他呢，就图个稳稳当当。我脾气也不好，说着说着就忍不住要数落他。他开始还忍着，后来也开始跟我吵，骂我太物质、不安分……我们越来越难沟通了。和我妈妈诉苦，她就说，小夫妻就得磨合啊，磨着磨着，就好了。可我觉得，我们是怎么磨也合不了。”

絮絮叨叨说了一大堆，小玉哭了。

“我当初真是瞎了眼。”

悠悠在一旁，觉得好奇怪。

“你们不是谈了两年恋爱吗？怎么早没发现这些不同呢？”

小玉有点不好意思了。

“唉，我是个帅哥控啦。他生了一副好皮囊，又高又帅，家境又好，我一时忘情，就光顾着和他风花雪月了，除了上班，都黏在一起，逛个街，看个电影，找点美食，聊些漫无边际的事情，还到处去旅行，一切都称心如意啊。双方父母觉得门当户对，也就同意了。没想到，一旦生活在一起，才发现矛盾那么多。”

的确如此，吸引力让两个人走在一起，一些细枝末节的共同点，让他

们倍感兴奋。可是，真正让他们能够相处的，还是关键处的共同点——彼此的三观（比如金钱观、事业观、家庭观）——是否相同，或相似。

否则，一个安于现状，另一个有着雄心壮志；一个喜欢独处，另一个喜欢觥筹交错；一个喜欢背包穷游，一个总想着豪华游轮；一个人喜欢孩子，另一个却选择丁克。那就算不散伙，日子也肯定过不痛快。他们当中谁错了？谁都没错。但婚姻是双人舞，一个跳探戈，一个跳拉丁，又怎么能合拍呢？

所以，谈恋爱时，就要达到知己知彼，才能知道彼此是否合拍。合拍，白头到老；不合拍，另请高明。一定要将初恋进行到底，除非运气极佳，彼此志同道合；否则就算白头到老，也只是白头熬到老，多么不幸！

那么，到底怎么谈呢？

建明和小玉谈起世界杯。可是，看世界杯都在后半夜呢。

“建明，你经常熬夜吗？”

这样就可以了解建明的生活习惯了。

发工资了，两个人一起吃饭。

“建明，最近有个理财产品，你怎么看？”

这样就可以了解建明是勤俭节约还是及时行乐的人了。

走在街上，看到一个粉妆玉琢的小孩。

“建明，这小孩真可爱。”

顺势，就可以了解建明是否爱孩子，还有育儿的一些理念了。

走在小公园里，谈谈一天的工作。

“建明，你对工作有什么打算呢？”

这样，就可以了解彼此工作的性质，还有对未来的构想了。

当然，还可以通过电影谈爱情观，通过社会新闻谈世界观……总之，通过这些方式，去了解对方的品行、性格、理想、生活习惯，然后，你再考虑彼此是否合适。

忽然想到有一位丈母娘，相亲时一马当先，拿着九型人格的测试题，去检测未来的女婿，惹得社会哗然，原因是她太过刻意了，太包办了，太不浪漫了。

那么，怎样才算浪漫？

柏拉图曾说，人未出世之前，灵魂游荡于一个理念的世界，那个世界里一切都尽善尽美，在那里，我们看到了尽善尽美的女孩形象。而出生之后，现实世界中的东西都是有残缺的。不过，当你遇到一个女孩（注意哦，最好是遇见，而非相亲、介绍，才够浪漫哦），觉得她美丽、善良、温柔，种种表征，都接近心目中的“完美”（简称“准完美”），于是一见钟情，心旷神怡，觉得她是“梦中情人”，觉得这是天赐缘分，是老天要玉成此事。

总之，你会善意地添加许多神圣感、神秘感，觉得自己的情感超凡脱俗、与众不同，而后欣然忘餐、陶醉其中。

但现实是，就算有人为我们“天造地设”，我们也得去了解，这“天造地设”的是喜欢同一首歌、同一本书这类细枝末节，还是我们拥有共同的金钱观、事业观和家庭观等重要观念呢？

所以，谈恋爱当然要清新浪漫、风花雪月，但不要忘记，在彼此吸引的基础上，还要通过轻松随意的聊天，去了解彼此的三观，这才是最理智、最负责任的做法，也最能将爱情进行到底。

六、男女如何相处——男女的沟通

有一本著名的畅销书，名叫《男人来自火星，女人来自金星》，认为男女思维颇为不同，所以时常沟通不畅。因此，了解这些不同，或许对于维持亲密关系十分有用。

悠悠刚刚上了一个月的班，非常努力。可这次回到家，却坐在沙发上默默流泪。子良一看她情绪不对，就去安慰她。

子良：“为什么哭呢？”

悠悠："我的老板不公平，其实是老板的错，却怪在我身上。"

子良："你已经向他抗议了吗？"（提供教训 / 出路）

悠悠："我已经说了却无用。"

子良："如果这样的话，辞职好了。明天我跟一位朋友联系，看他是否需要请新职员。"（解决的第二步骤）

悠悠："我不要，我喜欢在那里的工作。"

子良："如果这样就不要哭了，接受你的处境吧。"（提供解决方法）

其实，悠悠的抱怨，只是希望子良知道，"我受伤了，需要安慰"，而不需要具体的指导；而子良的反应却是"我来尽我所能地帮助你解决问题"，而不是"帮你消解不良情绪"。男人们习惯把复杂事情变简单，觉得这样才是解决问题的根本方法。

归结起来，男性思维是目标指向，女性思维则是关系指向。

在人类几百万年的进化中，男人们是猎手，时常静静地在草丛里等待猎物；女人们共同采摘果实，或是在山洞里一边带孩子一边聊天。男人与男人因为明确的目标相互合作，商量完之后便默默开始行动；女人与女人因为共同的境况聚在一起，倾诉彼此的状态和感受是她们的常态。

所以，当悠悠情绪低落时，双方表现不同。子良会像消防员救火一样为她解决难题。他急于尽快灭火，解决问题，却忽略了她难过的情绪。而悠悠呢，她其实更需要男人的关心、安慰和爱意，而不是马上听到解决方法。

悠悠和闺密逛了一天街，回到家来。吃饭时，悠悠谈兴很浓。

"……今天看到一款包，感觉挺不错的，可我下了半天决心也没舍得买。"

子良说："多少钱？"

"三千多。"

"那买啊。"

"喂，我们一个月挣多少钱啊？日子可不能那么过！"

子良立即觉得不自在："你是不是觉得和我在一起很委屈啊？"

悠悠是关系指向，通过陈述事实，想让男人知道“我很会持家，我很棒吧？”借以加深关系；而子良是目标指向，为了解决问题，如果不能，就觉得自己能力不足，不能给爱人更好的生活。而作为男人，最怕自己的能力受到质疑。这时，他可怜的自尊心就发作了：“就算我没有很多钱，也不要这样提醒我！”其实，悠悠根本没有这么势利，否则，她怎么会选择与子良长相厮守呢？

所以，男女之间要想亲密相处，爱情长盛不衰，就要了解彼此的不同，并增强同理心，掌握有效沟通的办法。

今天的信先写到这里。

祝福你。

深爱你的

倪甫清

8月9日

杨略看完了信，分为几篇，放到了新浪博客上，许多人在转发。他还特意发给楚当当一份。因为他看到“谈恋爱到底谈什么”一段时，忽然觉得，或许楚当当是对的，端木宇和他的女友如果在三观上差异大，而且没有共同语言，那的确不能合拍。而楚当当看完信件，果然也深受鼓舞，并将信件转发给端木宇，于是引发了一场新的波折。这是后话，暂时按下不表。

杨略懂了一些相处之道，就经常与葛怡在一起聊天，比如教育问题，尤其是农村小孩的教育，也谈彼此的沟通问题，就有了更多共同语言，心灵相通，越发显得亲密了。

他们惊奇地发现，自从杨略爸爸给他们上沟通课，他们吵架的次数明显减少了。比如杨略有时说话有些发急，葛怡马上就猜到他发急的原因，轻轻几句话，就使一场矛盾化于无形。而杨略也懂得了其中道理，一旦发急，也能自我反省。这样一来，两个人相处就十分和谐了。

楚向南看了信，也受了启发，不再躲躲闪闪，而是鼓起勇气，通过手机与叶文思谈对人生的见解，谈自己未来的规划，有时也谈自己的童年，与叶文思的共同语言越来越多。

叶文思姿容俏丽，又热心于跳舞，身材绝美。但她并不孤傲，也非常善良，所以会来支教。她对爱情也有独到的见解。她心里最赏识的，就是胸中有格局、有才情、有上进心，且有爱心的男生。至于家境，甚至相貌，她并不太看重。

事情就这样慢慢推进了。有时，他们上完了课，会在小镇上随意地走，偶尔走到山上，看远山蒸腾着云雾，都有无限的意趣。

“文思，我写了首诗，读给你听，好吗？”

“好啊。”

叶文思穿着洁白的裙子，双手负在身后，跳过一个水洼，优美轻捷地一个转身，微笑地看着楚向南，裙子在风里飘摆。楚向南看着她婀娜的身姿，心就变成了一片羽毛，轻飘飘的，蓝幽幽的。在美好的意境里，他开始念了。

如今，我清新的目光年方二十
我的生命第一次轻嗅玫瑰
我真希望自己永远是油菜地里
奔跑的孩子，让诗歌栽满大地

或者是，让大地在诗歌中茂盛生长
绽放黑泥土和黄泥土
绽放湖泊也绽放森林
让全世界从我的墨水笔中蔓延开去

然后仰脸站在空气中
听雨声、蛙鸣，听清风
洗着蓝蓝的夜空，再不动笔

然后在井栏边上坐着
看两个月亮

在各自的湖泊中载沉载浮

叶文思听着，看着楚向南，又看看天空，起初是微笑，后来，微笑收敛在嘴角，只剩下盈盈的目光。

“好美啊。”

“这是给你写的。”

叶文思的声音低下去，像圆荷上轻轻滴落的露珠。

“我觉得好幸福。”

“其实，以前我给你写过好多诗，但不敢送给你。”

“为什么？我要看。”

“那，以后我每天给你读，好吗？”

“嗯，好。”

于是,接下来每天的黄昏,他们都在这小路上徜徉。下雨,就撑同一把伞。有夕阳，就拖着两条长长的身影。

楚向南念道：

今夜，让我独自想想爱情
让自己悄悄走回内心
就坐在樱树底下，没有明月
挂在柳梢头，也没有清风
走进竹林深处

这个世界暂时是属于我的
一泓清池，一方湖石，一丛芦苇
不带一笔潦草
就像我的爱情

这是我一个人的夜晚
樱树的疏影，横斜的是谁的诗稿

我从每一朵樱花，每一枝树梢里
都读出你的名字

像一片雪花在血管中渐渐活络
渐渐手舞足蹈，渐渐上升
终于有一颗流星不偏不倚地击中了我
胸口绽放的是樱花还是海棠

我是该闭上眼睛，仰面做深呼吸
还是该乐不可支地喊出你的名字
让它散落成一天星星
你在远方不发一语，我却听得分明

他念着诗，心里越来越柔和。叶文思轻轻地踩着舞步，听到最后一句。

“这是什么时候写的？”

“今年春天，樱花盛开的时候。”

“要是你早点发给我就好了。”

“那时候，不敢。”

“那你写诗时，喊我的名字了吗？”

“喊了，轻声的。”

“以后，你每一声轻呼，我都听得分明了。”

楚向南的心猛烈地跳动，将血送到各处，他觉得脸在红涨。有一种极甜蜜的感觉，如花香，如清风，近了，更近了，却又在忽闪，像生了顽皮的翅膀。他又有些不自信起来。

“为什么呢？”

“因为我们这么近啊。”

雨停了，远山弥漫着轻雾，被夕阳一照，就散开五彩的光晕，像一朵盛开的、茁壮的牡丹，浮在群山的青翠里。然后，天色缓缓转暗，留下了深蓝的天空，以及清亮亮的无数星辰。

楚向南把叶文思送回宿舍，舍不得离开，就在操场上坐着，把这几天的细节回味了一遍，一条条存在记忆里，一种奇异的喜悦将他笼罩。他一阵阵的恍惚。拍拍脑门，一切刚刚发生，又仿佛是很久远的事情。

“她爱我，对不对？她就是这样暗示的。”

他反复地问。他很想寻找一个证明。突然很想奔跑，又很想找个地方依靠。一棵树，一堵墙，都好。闭上眼睛靠上去，给他一种踏实感，告诉他依旧在人世，所有事情都是真实的。又或者蹲下，抱着膝盖，蜷成一团，中间留个小小的，温暖的空间，可以盛下他与她的对话。每句话都轻微，然而精雕细琢，流香四溢。忽然又咯咯咯地笑起来，身体绽放开去。头顶是深蓝的天空，半圆的朗月挂在树梢。

他又想：“她爱我。对不对？”

他闭上眼睛，深深吸入一股清新的空气，这空气，应该是叶文思呼吸过的，如今充填了他的胸腔，流荡盘桓，久久不息。

他再也忍不住了，眼泪轻轻滑落下来。无声无息，聚集了暗夜里所有的微光。印着树林、草地、小径，印着天空、月亮、云朵，一个小小的、完整的世界。

几乎与此同时，杨略爸爸的信，让另一个人的内心翻起滔天巨浪。

他就是端木宇。

此前，他没有勇气接受楚当当，也不知怎么处理和女友的关系。就这么含糊着，暧昧着，日子一天天地过去。

似乎为了躲避身边的现实，最近他时常追忆往事，画了许多小品画，记录着童年的点点滴滴，过年的习俗啦，春天摘野莓拔毛笋啦，夏夜追捕流萤啦。

唉，往事历历在目，却又把握不住，这时常让他的心中升腾起一股惆怅，虚飘飘的，难以言状。好像一盘军棋还没下完，就被大人叫回去吃饭，小伙伴们期待着明天再玩，谁想大家陡然间都长大了，四散开去，只留下一副残局，被时光渐渐推远。

终于有一天，事情发生了转机。

那天，端木宇在画室里，忽然收到了楚当当的来信，标题是《谈恋爱到底谈什么》，后面还附了一段话。

端木：

婚姻是双人舞，一个跳探戈，一个跳拉丁，又怎么能合拍呢？你真认为，在婚姻里，爱情不重要吗？彼此志同道合不重要吗？我这样说，不是要你为我做什么，而只是希望你快乐。不管怎样，我都会等你，为你灿烂。

深爱你的

当当

端木宇看着那篇文章，心里起了波澜，但又有种恍惚而且恐惧的复杂感觉。

想当初，站在20岁的关口，往前看30岁，觉得遥不可及，甚至有几分可笑。30岁该是什么样呀？一身正装、一脸肃穆，每天赶去上班，甚至找个女人结婚，推着童车散步，心里想着养家糊口、发家致富。这也没什么不好，但都只属于别人，属于电视剧，与自己是半点不相干的。

而现在，跟做梦似的，他真的要步入婚姻了。可是，婚姻是什么？

的确，应该是双人舞，两人有说不完的话。他的脑海里，忽然浮现出一幅画面。他和当当背起野营包和画架，一同走在幽深的峡谷里，观察着山峰与云霞，忽然看到一处雄奇的景致，就摆下画架，取出颜料，一同作画。

画了一会儿，当当凑过头来。

“你这一笔不对，应该这样……”

“你不懂，我这样画，是想让岩石显得更陡峭，更有气势。”

“那也得写实啊。”

“等我画完，你再看效果。”

“瞧你，还听不进批评。”

一抹油彩，就涂在了他的鼻子上。

而夜晚，如果无处投宿，就找个安全的所在，支开帐篷，相拥看着夜空里的星星，还有纷飞的萤火虫。

那样的日子，一寸寸都是甜蜜的。

而如果是周颖呢？她几乎每天都会加班，回来就谈熊市牛市，谈风险投资。而他呢，只能附和几句。他能谈什么？谈对莫奈色彩的新领悟，谈黄宾虹的笔法对油画的启发？好吧，他或许只能和她谈谈最近莫奈和黄宾虹的画作拍卖又创了新高。

“当当，只有你懂我……”

端木宇轻轻地说着，心里淌过一股热流，想到他们探讨绘画时的热情与投机，更有知己难得的感觉。

“我应该灿烂地爱一次，不顾一切地爱一次，趁着还年轻……”

端木宇忽然兴奋起来，在画室里走了几圈，又站到窗口。窗外，大雨下了三天三夜，广玉兰在雨水中匆匆凋谢，白色花瓣在积水中凄惶流转。他默默地注视着。鼓起的勇气，忽然又产生了动摇。

“我如果接受当当，那该怎么和过去告别？”

他想到了周颖，想到了双方父母，想到了各种烦琐的人际关系。虽说艺术家很洒脱，但端木宇做不到。他心里，有着世俗的顾虑。

他重新又坐下，将碧绿的油彩涂在苍茫的田野上，忽然寂寥得难以言传。

而对楚当当的思念，在这个雨水浸湿的暗夜里，如同新雨后的荒原，野草在疯一般地生长。他拿出手机，回味着楚当当以前发的许多条短信，轻轻地默念了一遍。又一次，眼泪轻轻滑过他的脸迹。

他终于鼓起勇气，给楚当当写了一则优美的短信。

“当当，来爱我吧。一直以来，我们如同夏花，在各自的枝头孤独燃烧，内心寂静如秋。当当，来爱我吧，我们互相照耀，仅仅一瞬间，也就足够了，足够抚慰所有平庸的日子，足够填满所有青春的缝隙。”

他按下了发送键。

贵州也在下雨，而且也连着下了三天两夜，雨水噼里啪啦地跌落，四处都是积水，山上都流下道道溪水，让大家感觉浑身潮湿。

这天大伙正在上课，外面忽然响起了嘈杂的脚步声，往窗外一看，只见四个人抬着一个人急匆匆赶来，走进办公室。当中一个穿着白大褂。

学生们顿时坐不住了，挤到窗户边往外看，有些顽皮的还冲出教室，去那个办公室窗外探头探脑，被里面的人赶回来，神情都有些惊慌。

“怎么了？”教室里的人都问。

“探子”说：“好像是校长……”

另一个证实：“没错，就是校长，他的衣服我认得，躺在那儿一动不动。”

大伙儿都紧张。“会不会死了？”

“别瞎说！”

杨略、楚向南冲进办公室，叶文思也稳不住了，就跟了过去。只见校长躺在办公桌上，盖了条被子，脸色铁青，双目紧闭，两颊深陷，半张着嘴，嘴唇呈紫褐色，微微地喘息。

“干爹！”楚向南握着他的手，像是握住了一块铁，他赶紧问旁边的老师，“章老师，我干爹他怎么了？”

章老师是个中年男子，面容焦惶而憔悴。

“白水河上游大坝缺了一个大口子，水淹了不少村子，有些人没救出来。校长在水里待太久，心脏又不太好，就成这样了。”

那大夫说：“校长问题不大，主要是累了，打个吊针，多休息就好。你们都出去，别影响他休息。大家放心，都交给我。”

一群人都慢慢退出来，章老师说，受灾最严重的，就是前些天他们去过的高巴岭村。

“高巴岭村青壮年全都出去打工了，剩下的老的老，小的小，一发大水，很多都没逃出来，被水冲走了。最惨的就是河边樟树下那户人家，房屋泡了一夜，都被冲塌了，一个小孩站在那树上，不停地哭啊，可谁也过不去。村里那几条船，全让大水冲走了。”

杨略等人心头一震，这分明就是小艳曦啊。想起她那可爱的脸蛋，还有两颗小虎牙，心里顿时无比焦急，于是去教室拿了雨伞，直冲到雨里去。

“楚向南，我们去看看！葛怡，叶文思，你们等我们回来。”

其他大学生纷纷响应，拿了雨伞雨披，都跟了上来。葛怡和叶文思哪里待得住，撑开雨伞，顾不得泥水飞溅，也跟了上去。

“你们到哪儿我们就到哪儿。”

一行十余人急匆匆地翻山越岭，顾不得脚下石头硌脚，只见阴云漠漠，大雨如注，风东一头西一头地乱撞，把雨伞玩弄得狼狈不堪，雨水浇湿了他们的鞋子裤子，浑身没个干燥的地方。闪电撕开黑云，继而扑啦啦一个大雷，将他们震得耳朵嗡嗡作响，心里忐忑不安。

终于到了下坡路，只见田间地头，凿出了万条的河流，都唰唰地淌着水，汇聚在一起，向山下急奔而去。再往远处看，辽阔的雨幕之下，出现了一条足足有一里多宽的河，远不是前几天看见的那条小河了。浑黄的水起伏不定，撞到岩石大树，卷起巨大的漩涡，河底水流撞到岩石，就朝上奔涌，在水面上冲出许多猛浪，像无数狰狞的鬼脸。又有些江水被冲到崖岸边上的缺口，徘徊一阵，积蓄了力量，又以更大的声势汹涌倾斜而下，将什么都一并卷进去。浪涛一个接着一个，狂怒地冲击着两岸。河岸没有了界限，似乎村庄、田地、树丛，都一块一块溶化在大水里，化成了浓稠的液汁，永无休止地往下流，流向遥远的地方去。

就在这浑水之中，挺立着一棵大树，距离岸边还有十几米，许多枝条被冲断，但树干岿然不动，将急湍的洪水切成两半，真有中流砥柱的气概。前几天看到的那些房屋，早已消失无踪。

他们走得近了，就看见大树上果真站着一个孩子，只穿了条小短裤、一件小背心，抱着根大树枝，被雨水冲得头发凌乱，瑟瑟发抖，早已不喊也不哭了。如果章老师说得没错，她应该在树上整整待了一夜。就在她脚下，洪水肆无忌惮地吞噬了一切。

岸上站了许多人，都是镇上的，其中也有警察，正焦灼地想着办法，但也束手无措，只是茫然地看着无情的洪水。

当中一个警察年纪约莫 50 岁，正眉头紧锁，指挥着营救。

“小赵，绳子拿来了吗？十米？十米怎么够？起码三四十米，越长越好。对，得接起来。嗯，瞧这水势，得把三股拧成一股，手脚麻利点！”

楚向南和叶文思他们明白了老警察的意图，是要让一个人系着大绳游过去，把那孩子从树上救过来。

有了主意，大家一起动手，完成了一条四十来米的大绳，在地上卧着。

老警察看着大家，声音低沉：“绳子有了，谁愿意去？”

大家看着浩浩渺渺的洪水，中间夹杂着浮木，下面还潜藏着顺流而下的石块，也许还有蛇，而且水势凶猛，若是被冲到岸边，就会撞上礁岩。

大家面面相觑。

老警察说：“小赵，你行吗？”

小赵面露难色：“老黄，我，我不会游泳啊。”

老黄看着小赵单薄的身体，懊恼地说：“我要不是这条废腿，我就……”

杨略说：“让我去吧。”

葛怡忙喊道：“杨略，你……”

老黄将信将疑：“小伙子，你行吗？”

“我以前参加过游泳集训。”

“你是来支教的大学生吧？”

“是的。”

“那不行，我们白水镇没人了吗？”

楚向南立即冲到前面。

“杨略，我去。”

“向南，我先上，不行你再来。”

杨略不由分说，穿上救生衣，把绳子绑上腰间，另一头系在岸上的大树上，等他救到小孩，众人再把绳子往回拽。他走到上游，跳到水里，奋勇地游了一程，但还没够到大树，就被大水冲回岸边，岸边全是荆棘石块，身上留下不少伤痕，头上又狠狠撞了一下，一时有些晕头转向。

楚向南冲到岸边，将他拉上来，搀扶到高处，在地上躺好。葛怡给杨略打着伞，握住他的手。

“杨略，你怎么样？”

“没，没事。”

杨略感觉头很痛，腿上似乎也撞得不轻，而脚踝显然是扭伤了，只好躺在那儿。

老警察的眉头越锁越紧，对众人说：“我们剩下的时间不多了，据上游大坝上的工作人员说，大坝修复不了，缺口越来越大，怕是过不了多久，整个都要决堤了，到那时，一个水库的水都要冲下来，水势要比现在还要猛，后果不堪设想。”

楚向南迎上前去，说：“让我去吧！”

老警察拍了他的肩膀。

“好样的，楚家小子，就看你的了。来一杯白酒！”

他亲自把酒倒满，杯子递给楚向南。他接过酒杯，只见杯子映着灰绿色的山峦，铅黑的天宇，众人凝重的表情，有一种悲壮的意味。

“向南！”

是叶文思的声音，楚向南心头一热，将白酒一饮而尽，对叶文思说：“你等着我回来。”

“嗯。”

叶文思含着泪，用力地点点头。

楚向南走到上游，看了一看，又往前走了十来米，因为他看出来，前面几个人之所以失败，是因为游速不快而水流太急，所以还没够到大树，早已被冲到下游。

他估摸了距离，一边把绳子紧紧系在腰上，另一头却没有绑在树上，他对众人说：“绳子这头就交到你们手里了。我先游过去，绳子如果不够长，你们大家握着这一头，慢慢地往下游走。等我救到小孩，你们再往回拉。还有，你们拿衣服或稻草做个软垫，在下游接着我，免得撞上石头。”

众人一一照办了，都把外套脱下来，用绳子绑成一团，由几个人拿着，走到下游去准备迎接。

叶文思冲上去，站在楚向南面前。

“向南，你要小心。”

“别担心，小事一桩。”

楚向南走进水里，刚刚淹到小腹，就已觉得站不太稳，便屈腿，深呼吸，往后猛力一蹬，身体跃起，钻入水中去。水势太急，漩涡太多，波浪起伏，他的眼前一片迷茫，水直灌入他的鼻口中来，他根本无法呼吸，靠憋着的那一腔空气奋力往前游，每划一下都得抵抗许多暗流的阻力，只觉得手臂有千斤重。

十几米的距离，他似乎耗尽了全身力气，终于触到了树叶，他用双臂抱紧一条粗大的树枝，将头高高探出水面，深深地呼吸了几口，这才开始四顾张望。只见在不远的树枝上，那女孩闭着眼睛，脸色苍白，身子被水泡得有点浮肿。更恐怖的是，她的旁边居然还盘着一条蛇，正抬头看着他。

楚向南心里暗暗叫苦，情况远比他想象的要复杂，但也只能硬着头皮上了，他折下一根枝条，去了叶片，留两个尖，成了一根叉子。他攀着树枝，慢慢地过去。那蛇见状，也警惕起来，缩起身子，吐着信子，做出攻击的姿态。

他举起叉子，猛地向它挥去，却是使了个虚招，呼呼有声，那蛇一缩头，他趁机将叉子向它刺去，正好将它的身子卡在叉子当中，牢牢地按在树枝上。蛇吃了疼，顿时将身子腾空来，用力缠住叉子。这一来正中楚向南的下怀，他将叉子连同蛇都举起来，猛力往下游一扔，顿时被水流冲走。

障碍去除，他稳了稳心神，攀上那根树枝，靠近了小艳曦，一把将她抱住。她惊醒来，看见了他，伸出小胳膊，紧紧搂住他的脖子，这才大哭起来。楚向南安慰了几句，正要向岸上举手示意，却惊骇地发现了一件事情。原来树冠太大，绳子被树枝勾住，刚才和蛇斗勇，猛地扯了几下，现在绳子接头的地方松了，三股只剩下一股。

他知道，一股绳子，肯定撑不住两个人，若是中途断了，后果不堪设想。于是他把绳子从腰间接下，系在艳曦腰上，往岸上挥了挥手。那边看到信号，一阵欢呼，一起往回拉绳子，下游早有人候着，用那软垫子将小艳曦稳稳接住，救上了岸。

众人看到楚向南被滞留在树上，心里更是焦急。这时老警察接到电话，面色也顿时变了，放下电话，他嘴角颤抖，对大家说，大坝全面坍塌，整整一个水库的水朝下游飞奔而来。

“我们得赶紧到山上去，过会儿这里全都会被淹的。”

杨略说：“我去救楚向南。”

可话刚说完，脚踝的疼痛，已让他站不起来了。

叶文思看着近在眼前，却又隔着茫茫大水的楚向南，心里像岩浆炙烧过一般，看见旁人都已萌生退意，就冲上前去，将地上的绳子拾起，把断处编好了，扎在腰上。

老警察见状，急忙阻拦着她："姑娘，来不及了！大水说话就到！"

"我得把他救回来。"

她下了狠心，浑身有股力量，从心脏放射到全身，于是热血沸腾，什么也不顾了，回头对着大伙说："放心，我从中学开始，就是游泳队的……绳子的这一头就交给你们了。"

杨略等人十分感动，用力拽住绳子另一头。叶文思学着楚向南的样子，走到上游。此时水势慢慢增大，她跳进水里去，顿时有种窒息的感觉。她泳技不差，但此时全然发挥不出来，只顾用力蹬腿，耳边是汩汩的水声，一串串水泡随着动作而产生，呼吸声变得沉重急促，鼻口都灌入了水，中间混着黄沙，让她一阵恶心，眯着眼睛，朦朦胧胧看见那棵大树，但总是够不到，倒被顺流而下的木头刮擦了几下，伤口被水一泡，疼得厉害。也不知过了多久，似乎要错过那棵大树了，心里正在绝望，她忽然感觉被人猛地拦腰抱住，定睛一看，却是楚向南。原来他在树上看得分明，水速太猛，叶文思已被冲到下游，他就奋力跃入水中，终于将她抱紧。

两人心中狂喜，拥抱在一起。岸上一阵欢呼，往回拽绳子。杨略忽然大喊了一声："看！"大家往上游一看，顿时大惊失色。只见一面白墙迅速盖过来，如同雪崩一般，狂怒地奔腾而来。

杨略挣扎地起来，和大伙一起玩命地拉绳，终于在最后一刻，将楚向南和叶文思拉上了岸边，而杨略等人的手上，都被绳子勒出了血。

几乎就在同时，洪涛席卷而至，撞击着两边的山峦，浪涛被挡住，和后面新冲上来的浪涛碰在一起，一声巨响，掀到天上去，然后化作瀑布，劈头盖脸地落下来。

楚向南和叶文思筋疲力尽，相互拥抱着，只顾大口喘气。旁边都在欢呼，葛怡的眼中噙满泪水，杨略如释重负，躺在地上，在雨水中哈哈大笑。

第八章

“如果有人倾听你，不对你评头论足，不替你担惊受怕，也不想改变你，这多美好啊……每当我得到人们的倾听和理解，我就可以用新的眼光看世界，并继续前进……这真神奇啊！一旦有人倾听，看起来无法解决的问题就有了解决办法，千头万绪的思路也会变得清晰起来。”

随行的同学带了手机，拍下楚向南和叶文思的救人视频，放在了微博上，顿时被大量转发，一时被推为“最美大学生情侣”。媒体的力量真强大，很快，楚向南的出身也被报道，他家破旧的危房、伤病的父母以及他的奋斗史，引起广泛的关注。

学校知晓此事，不仅给楚向南颁发了见义勇为荣誉证书，还免除他的学费，并额外给了他一个奖励：担任植物学助理实验员，可以领一份补贴，足够每个月的生活费。这样，他就不必去东奔西走挣钱了。

有了这样的帮助，楚向南就可以专心于学业。

他在大一时，忙于兼职挣钱，的确有些耽误了学业。从大二开始，刨去上课时间，楚向南就跟随老师做实验。

他的主要工作是培养基灭菌。

高压灭菌锅一米多高，像个装甲式的洗衣机。他打开沉重的盖子，将玻璃瓶子沿着锅底一圈一圈、一层一层码齐。瓶内是薄薄的培养基，透明的，或淡蓝的。封口处蒙了玻璃纸，用一根麻线扎牢。收拾停当，合上锅盖，拧紧四个铁钳，输入加热时间：40 分钟。

他坐在一旁，面前一堆瓶瓶罐罐，看《生物化学》，做作业。课堂笔记誊写得整齐，每一题都解得仔细。他已经定好目标，这一学年，非要得奖学金不可。不是图这笔钱，而是希望自己有所作为。

但他经过极努力的学习，却越来越觉得，生物学似乎不是他真心想学的。

大一时的动物学课上，楚向南亲手解剖过兔子、鸽子、蟾蜍之类。都有新颖有效的杀生法。对付兔子容易，拿过针筒，套上针头，吸一股空气，注入兔耳朵上的静脉，不多时，兔子一阵痉挛，便倒地不动。对付蟾蜍费点劲，因为要防它腮腺射出毒液。一手握住蟾蜍，无名指和拇指间露出背部，在脊椎上摸到一个凹陷，将解剖针扎进去，沿脊椎探入头部，将脑浆一阵搅拌，蟾蜍立即四肢摊开，脚趾根根直立。而后用剪子剖开肚膛，避过动脉，观察五脏的构造。

而每次解剖，他都觉得恶心。

但是现在他每天的工作除了调配培养基、灭菌，还要把一些嫩苗的茎植入培养基。在无菌室内，洗上两遍手，披着白大褂，然后戴上帽子、口罩，坐在封着玻璃的无菌操作台前，双手穿过两个操作孔伸进操作台，再用蘸了酒精的棉球擦遍双手的沟沟坎坎。又取出柳叶刀、镊子，擦上酒精，在酒精灯上消毒。

操作台左边的培养瓶里是已经分蘖的植株。取出来，手起刀落，切去根叶，留下嫩白纤细的茎，用镊子移进右侧空白的培养瓶，然后放在温室里。那里日光灯昼夜不息，每天用紫外线消毒两遍。平常走进去，会有臭氧呛人的味道。

“以后，我就要过这样的日子吗？”

楚向南时常这样问自己，却看到了一片黑暗的前景。

这时，窗玻璃上响起梆梆梆的声音，楚向南透出玻璃，看到一只洁白的手。不用说，是叶文思来了。楚向南赶紧把窗户打开。果然，叶文思清丽的笑容，就出现在窗外。

“你怎么来了？”

“怕你寂寞啊。”叶文思摇了摇手中的袋子，“出来吧，给你买好吃的了。”

于是，他们走到实验室外的植物园里。这里地界不大，还分了热带、亚热带、温带植物区，有各类树种。一些浅沟分开界限，从池塘中引来水流。水杉、梧桐，都高高地立着，树叶积了一层又一层，一年又一年，土地黑褐而蓬松。

他们在小径上走着。楚向南听着头上鸟鸣声声，偶尔看见灰色的松鼠，在树枝间瞪着黑溜溜的眼睛，忽然想到陈列室里的标本，以及实验台上血肉模糊的动物尸体。

“这真是我想要的吗？”他心里想着，不禁皱了皱眉头。

“向南，你怎么了？”

“瞎想呗。”

“我看你开学之后，一直有点闷闷不乐。发生什么了，和我说说？”

“我在想，我适不适合学生物。”

“生物系不是很有前途吗？多少人想来学呢，高考招生分数在全校很靠前哦。”

“话是这么说，可我感到好无聊。当然啦，不管学什么学科，都有无聊的成分啊，可是……我找不到热情，好迷茫啊。”

“难道真有人对学习充满热情吗？”

“有啊，我们班的杨剑。”

“我认识，是大帅哥。”

“在男朋友面前还犯花痴。”

“你吃醋啊。”

“当然。”

“那我喂你点甜的。”

叶文思在他的嘴唇上轻轻一吻。

“现在，你说说杨剑怎么热情学习吧。”

“大一刚开学，还没开始上课，我们对大学该干吗还一无所知，都在寝室打牌呢，输了喝矿泉水，稀里糊涂地过。而他却拿了本《大学数学》，开始在图书馆自学了，不仅学大一课程，还时常去大二教室旁听，所以就拿一等奖学金。”

“这简直就是学霸啊。”

“就是，让人好嫉妒啊。那种在我看来最难学的微积分啊，线性代数啊，植物学啊，在他那儿全是小菜一碟。”

“帅哥加学霸，就有点恐怖了。”

楚向南仰望着一棵高大的枫香。叶子渗透着阳光，显得明晃晃的。

“我也希望有个专业，能让我那样真心地投入。”

“就像投入地爱我，对吗？”

“对啊，找到心爱的姑娘，再找到心爱的事业，人生就完美了。”

“这话我爱听。”

他们就嘻嘻哈哈地拥抱在一起了。文思在他怀里说：“向南，你这么爱写诗、写小说，要么，去读中文系？”

“中文系，行吗？”

“行不行的，去旁听一下再说。”

与此同时，杨略和葛怡也在考虑相似的问题。自从到了大二，虽然各自选定了专业，可大家忽然变得成熟而迷茫起来。用班主任的话说，就是大一的新鲜劲过去了，可对自己想学什么，以后能做点什么，完全没有把握，于是纷纷陷入了慌乱。

杨略最近很是苦恼。从高中开始，他就以文学创作为人生目标，与爸爸合作，完成了一部作品。他本以为，进入大学，他可以尽情写作，施展才华了。可事实呢，大一时加入各种社团，消耗了许多时光，竟不能安静地读书写作，一年下来，并没有完成多少作品。

当他看到楚向南写的小说，以及文学社其他成员写的诗文，内心未尝不焦虑。

“同学们都很努力啊。”

到了十月份，他更受了一些刺激。国庆节期间，杭州举办了书展，各地出版社陈列了主打的书籍，一些作家在书展中举办讲座。除了曹文轩、沈石溪、王蒙等名家前辈之外，一些与杨略同龄的作者也开始崭露头角。

其中有一对双胞胎，都考上了名牌大学，因为生得英俊，又有才华，迅速走红，在各种电视栏目中抛头露面，显示出聪颖和从容，且有那么点呆萌，赢得万千女生的追捧。他们如今刚大三，已出了两本书，讲述成长故事，在各地签售，非常受欢迎。

杨略和葛怡一同去看书展，还没到门口，就看到一条长龙，拐了几道弯，估计有四五百人。其中大都是女学生，穿得色彩缤纷，手中捧一本淡蓝色封面的书。旁边则有大幅海报，说明他们是在等一个签售会。

“哇，是阿文和阿豪兄弟呢，”葛怡忽然尖叫起来，“我也要去买一本，请他们签名。”

杨略的心里，忽然有一种酸酸的滋味，也不说话，走到码好的书堆前，拿下一本，封面上是双胞胎明亮的笑容，旁边写着“草根学生英雄、正能量平民偶像”。他唰地撕开塑封，翻了开来。书中从封面到内页，几乎有一半是写真照片，拍得既文艺，又清新，然而杨略很不耐烦，便去看旁边的文字。

“哼，也就是高中记叙文的水平。”

又去翻下一页，都是一则则身边的小故事，说的是同龄人的小苦恼和治愈法，文笔自然不佳，道理也很轻浅。不过呢，总还有那么点意思，适合在杂志上发表，在微信里传播。至于出书，且受追捧，被尊为作家，那么——“真是看脸的时代啊。”

杨略不知出于什么心理，低声地评论着。

“杨略，你去排队吗？”葛怡已付好了两本书的钱，拉着杨略的手，就要往队伍的末尾去。

杨略用力地挣脱，脸上的笑意有点僵硬，把书放回了原处。

“就不去了吧，得排个把小时呢。”

“那你自己去逛，我排队。”

“行吧，手机联系。”

杨略也没看葛怡一眼，就独自往书展的入口走去。书是那样多，名家名著大都颜色肃穆，威严地立在书架上，畅销图书色彩斑斓，摆在醒目之处。他这本翻翻，那本看看。严肃的文字让他望而生畏，轻浅的文字又使他不屑一顾。

“我这是怎么了？嫉妒吗？好吧好吧，我承认，我也好想出版一本书，受到大家的追捧，可是，我到底写什么呢？青春文学？不想去写。诗？肯定要写，但不能指望出版。那我……”

这时，他忽然看到一个金黄的封面。好熟悉啊，这是他和爸爸合写的书《你在为谁读书》，出版已三四年，依然被摆到了书展的前列。过往的读者时常会去翻阅。他心里一阵发热，不由走了过去，翻开那本书。他亲手写下的文字，以及文字背后的那些往事，给了他许多安慰。

“这本书受欢迎吗？”

杨略问旁边的工作人员。

工作人员自然没有认出他就是作者。

“好着呢，大人也买，小孩也看。两天不到，就销了百来本。你瞧，我的库存都用完了。”

杨略心里一点点亮堂了。一百来本，与双胞胎兄弟一签四五百本，差距自然是有的。不过，他和爸爸的书能保持多年的畅销，不是更为难得吗？关键是，这本书真的能帮助青少年成长。

杨略又想到了那本书的写作史。

初中时，他开始叛逆，不爱学习。他爸爸忙于工作，与他疏远，就写了十封神秘来信，告诉他许多道理，这令他脱胎换骨。初中毕业时，他把这些信件整理起来，又把真实经历写下来，形成了一部小说。

“为什么不继续写下去呢？”

杨略想到高中时，有一回他出车祸，一时觉得人生无意义。爸爸告诉他，人生意义在于自我实现，而自我实现，则要进行人生规划，并继续以课程形式来讲解人生规划的方法。此外，爸爸还给他讲过自控力训练课、抗挫力修炼课、情绪管理课。

这不都是最佳的写作题材吗？

杨略兴奋起来，像是为了奖励自己，买了七八本小说，包括戈尔丁的《蝇王》、福楼拜的《包法利夫人》、毛姆的《刀锋》等名著，以供自己学习。

他决心大干一场。

买好了书，杨略去找葛怡。葛怡还在排队呢，于是杨略开心地陪着她，和她说起自己的构思，诸多故事情节都在脑海中涌现。他甚至有些等不及，想马上着手去写了。

“杨略，我觉得你这个选题很有意义。”

“对啊，总比那些风花雪月要有用得多。”

“我支持你。”

他们亲密地握着手，等排到签名时，面对那两位帅哥，杨略再没有了嫉妒心理。

“我们是在各自的山头上攀登。”

回到家，杨略和爸爸说了想法，爸爸也十分支持。

“每个人写作，都要找到自己的风格。你之前已在尝试，那么就继续写下去吧。”

杨略得到了鼓励，就拿出了架势，先把爸爸的信又修正一遍，理清了顺序，又去搜集各类素材，渐渐形成小说的提纲，然后抓紧一切时间，开始用心地创作。在他的笔下，陈子轩、曾泉、葛怡、陶坷坷，还有他自己，都活泼地上场了。他时常写完一段，就发给相关的朋友：“这一段是以你为原型的，看看像不像？”

于是，他们就沉入共同的回忆里去。这段时光，真是过得有滋有味。

而葛怡是第一个读者，读着读着，就有了新想法。

“杨略，我觉得这本书里，除了人生规划理念的传播，还要有具体的规划方法。”

“我爸不是说，要知己知彼，规划人生吗？你看，他还列了好多自我检测题，让大家了解自己的优势、兴趣之类的呢。”

“这是没错，不过还不够直观。我在想，如果有一套电脑程序，让中学生通过电脑做测试题，然后立即跳出几个备选的专业，那多么方便。”

“话是没错，可电脑编程，我半点也不懂。”

“你不懂，计算机系的同学就懂啊。”

“你的意思是？”

“马上有个创业大赛，我想，如果我们能组成一支团队，把这套测试题编程，做一个网站，那该多有意思？”

“你的想法太棒了。现在美国有学业顾问，帮中学生规划学习生涯，我们这个项目，也可以承担这样的工作。”

“对啊，我们请你爸当导师。”

杨略爸爸一听，自然十分高兴，他又提议，还可以借用他的人脉资源，组建一个专业顾问团，由各专业的博士、教授组成，向中学生介绍自己的专业。

文学大赛的结果出来了，楚向南的小说获得了二等奖。虽然不是一等奖，但楚向南还是非常高兴。毕竟，作为生科院的学生，却得了文学奖，这也算是个奇迹。他开始去旁听中文系的课程。

他听的是大三课程《中国古典文学》。通过杨略打听好教室，早早地就去了，但不知怎的，心里却有些慌乱。看学生一个一个进来，他心里不禁想：这是中文系，这些是中文系学生，可以每天看小说诗歌，兴之所至，可以舞文弄墨，文采风流。他们是正规军，而自己是土八路。

老师进来了，50来岁，西装革履，圆脸秃顶，一脸笑意，眼神柔和而慈爱。他讲的是初唐文学。先谈卢照邻、王勃等诗人的生平，然后朗诵讲解一些诗作。

“寂寂寥寥扬子居，年年岁岁一床书。独有南山桂枝发，飞来飞去袭人裾。”

老师是南方口音，咬字不准，“山”念“三”，“枝”念作“子”，然而别有一种酥软温和。教室充满了这种声音，暖意丝丝蔓延。

楚向南听得陶醉，心里安定柔和，有一种归属感。可是，他下课时与老师的一番谈话，却又使他产生了疑惑。

“老师，您是做什么研究的？”

“唐诗研究，主要研究杜甫在成都时的诗作。”

“我回去一定好好拜读您的大作。”

他果然在中国期刊网上搜索到这位老师的不少论文，发表在知名刊物《文学评论》上，主题是杜甫与高适的关系。文中说，他俩年轻时就是朋友，曾一同游猎于齐赵。安史之乱后，杜甫逃难到成都时，高适在附近当刺史，时常资助于他。可后来高适在成都当节度使，杜甫偏偏不回成都，这是为什么呢？会不会两人之间出现矛盾。如果是，那他们的矛盾又是什么呢？

楚向南读着读着，忽然觉得无聊了。他是有经邦济世之心的，所以他不明白，这样翻故纸堆的文学研究有什么用？即便有用，但绝不是他想要的那种作用。

他喜欢写作，是想通过文学对社会进行思考，而不只是玩弄文字。他喜欢唐诗，但只想欣赏那种意境，而不想再深入去分析音律，更不想对诗人的私生活进行考证。

楚向南似乎有点明确了，然而也似乎更迷茫了。

带着新的疑惑，楚向南又与叶文思见面。他们坐在树荫下聊天。一张石桌子，几个石鼓，上面是枫香的枝叶。阳光透过枝叶，淡淡地洒下来，落在桌子上，落在他们的脸上，随着枝叶轻摇而跑来跑去，像不安分的小绒球。旁边是芭蕉树，叶子像巨大的羽毛，伸向空气中去。

“我不想读中文系了。”他说。

“为什么？”叶文思有些惊讶。

“因为不实用。我想文学创作，直接阅读、观察、写作就好了，何必一定要读中文系呢。而且，我想写的，是有现实意义的，而不是书斋里的阳春白雪。中文系培养的是学者，和我想要的不一样。”

“你想要的是什么，”叶文思用手臂支着下巴，“政策环境对农民工回乡创业的影响，像这样的学问？”

楚向南很用力地点了一下头。

“我就想研究这种实用的话题，对时代产生直接的影响。”

“那你该去读社会科学，比如社会学、经济学。”

“我也这样想，我再去旁听！”

接下来的日子里，楚向南到处旁听，听了《社会学基础》，对社会阶层、从众心理之类颇有了解。也去听《政治学原理》，对民主与法治思想的发展史有了初步认识。还去听了《宏观经济学》，对博弈论产生浓厚兴趣，而所谓的“公地悲剧”（对于公共资源，大伙如果都有平等使用权，那都会倾向于过度使用，最后导致资源耗尽），也让他听得入了迷。同时，他还翻阅了各专业的经典名著。

终于有一天，楚向南一脸兴奋地走到叶文思面前。

“文思，我想去读经济学。”

“这回真想好了？”

“想好了。”

“不后悔了？”

“不后悔，我通过货比三家，还是经济学最有意思。”

“向南，我支持你！”叶文思拍了拍他的肩膀。

“那我马上就去申请转专业。”

“难不难呢？”

“再难，也得去做啊。”

“你最棒了。”

叶文思轻轻倚靠着他。他温暖地笑了，觉得身体舒泰，一时充满了力量。

时间过得飞快。杨略慢慢写成了一本十五万字的小说，取名《你在为谁读书 2：青少年人生规划》，又经过爸爸的润色，就交给了出版社，作为他们父子出版的第二本书。

这又给了他极大的鼓舞，决定继续写下去。他列好了计划，准备把爸爸谈抗挫力、谈情绪管理的信，再整理成两本小说。这段时间，他阅读各类名著，对作品中的思想、写作方法，都有更深的了解；而这种心得，又促进了他的写作，这让他觉得每一天都很充实。

就在杨略写作小说的同时，葛怡在编写专业倾向测试题，一位计算机系的学长负责编程，另有一位营销学专业的学生，则开始写项目书，如此亲密配合，渐渐就有了成绩，准备参加大学生创业大赛。

秋天里，高中同学偶尔聚会，楚当当居然带着端木宇一同露面。看他俩亲密携手的幸福样子，大家都心知肚明，但又不知怎么询问。毕竟，端木宇是老师，比他们大了许多岁，一时有些拘束也在所难免。

陈子轩问："杨略，你最近都忙什么呀，总也见不到你。"

"刚写完一本小说。"

这话自然引起大家的惊叹。陈子轩高兴得忍不住砸了他一拳。

"行啊，杨驴。"

"你的漫画事业进展得怎么样了？"

"还不错。我已经不满足于在杂志上发表一鳞半爪了。我现在准备画一部校园故事的绘本。"

"雄心可嘉啊！什么题材呢？"

"还没着落，正在构思呢。"

曾泉在一旁笑嘻嘻地说："我看哪，子轩，你就把杨驴的书拿去改编好了。"

杨略和陈子轩都觉眼前一亮。

杨略说："对啊，好主意。我的书写的都是我们自己的生活，你画起来也轻车熟路啊。"

葛怡说："子轩，你把我们高中的教室、食堂、操场都画进去，还有我们的老师、同学……想想都很美好啊。"

陈子轩喜得眉开眼笑。

"听你们一说，我豁然开朗啊。"

葛怡说："子轩，你的画画事业越来越成功了。"

陈子轩却摇了摇头。

"唉，咱画得再好，那也是旁门左道。绘画的名门正派，还是油画和国画啊。"

他们终于成功地把话题引向了楚当当和端木宇，一个个用诡异的眼光看着他们。

"干吗这样看着我？"楚当当虽然性情潇洒，也明白朋友们的意思，但一时还是有些害羞。

"不是你，"曾泉朝端木宇眨了眨眼，"是你们——"

陈子轩趁机将话题推进。

"当当，说说看，你们怎么就在一起了？当中有什么惊天地泣鬼神的事儿啊，跟我们透露透露呗？"

楚当当的脸上充满了自得之色。

"也没什么呀，就是，心诚则灵嘛。"

曾泉是最擅长挖掘八卦的，此时逮了机会，自然要兴风作浪。

"我们让端木老师说，好不好？"

端木宇原本有些尴尬，但毕竟是画家，性情洒脱，也就不再推托，说起了前后经过。

原来自从他给楚当当发出那条短信，就决心告别过去。但如何与周颖以及双方父母沟通，而不产生激烈的冲突，他还特意与楚当当商议。结果，楚当当把杨略爸爸所写的关于人际冲突的内容发给他。

"就照这个秘籍去做吧。"

端木宇做好充足的准备，某天中午，约了周颖在咖啡厅见面，犹豫半天，才说出了真实想法。结果出乎他意料，事情进展得极其顺利。周颖听完他长长的叙述，把咖啡杯往前一推。

"行，那就分吧。"

看着周颖一脸的平静，端木宇倒吃惊了。

"你，没事吧？"

"能有什么事啊，你可真逗。好了，我下午还要上班，再见吧。"

周颖买完了单，站起身，踩着高跟鞋，咯噔噔地走远了，只留下端木宇在原地愣神。

与他父母沟通时，阻碍要大一些。他爸爸痛心疾首：“都快要订婚了，你突然来这么一手……你说，我怎么向大家交代啊？”他妈妈则在感叹：“周颖是多好的姑娘啊，长相好、家境好、教养好，真是打着灯笼也难找，你怎么说不要就不要了呢？”

对于这些反对声，端木宇早有准备，开始见招拆招。

“爸，妈，我知道你们是为我好。可爱情这东西勉强不来，我就想要找一个知心人，有共同语言，有共同爱好，而通过几年的接触，我觉得周颖不是这样的人。这一点，你们也看得出来，是不是？所以，强扭的瓜不甜，希望你们能支持我。”

“你明明知道不合适，还耽误人家？”爸爸的语气已有些缓和了。

“周颖这回被你伤得不轻啊。”妈妈依然在叹息。

“我和她谈了，她轻松地答应了。”

“轻松答应？这怎么回事？”

听到端木宇的一番描述后，爸妈一起摇头叹息：“唉，你们这帮年轻人，真是儿戏啊。”但神情明显松弛了。

当然，后来他们得知，周颖也没那么轻松，只是碍于脸面，故意装得从容，回家以后，则大哭了一场。但她也知道没法挽回，也就接受了现实。毕竟，她也自信，凭她的条件，还怕找不到好对象吗？

大体来说，事情解决得远比端木宇想象的要容易。

曾泉听到这里，不由出了神，悠悠地说：“我常听人家说，谈恋爱嘛需要爱情，结婚基本与爱情无关，看来这话也不对啊。”

楚当当说：“那当然，没有爱，那才是裸婚。”

陈子轩说：“深刻，深刻，杨略，这话一定要写进小说里去。”

杨略和葛怡正紧握着双手。他们听着端木宇的讲述，不免联想到自己。他们不仅有爱情，有共同的中学经历，现在还有共同的方向，真是青梅竹马，外加志同道合，这样的爱情牢不可破。

他们越发珍惜彼此了。

随着秋天过去，冬天到来，杨伊雪的考试也临近了。

考试是在一月份，距离除夕不过一个星期。这年入冬后，天色总是阴沉，元旦前下了几阵雨，继而北风呼啸了一天，气温骤然下降，飘起了偌大的雪花，地上积水不曾退去，就冻成了结实的冰壳子。杨伊雪在校园里走，着实滑倒了几跤，幸喜衣服厚实，没有受伤，但已不肯外出，只在房间里看书。

考试前的一天，杨伊雪考虑到室友会影响她，于是顶着寒风，在学校附近宾馆开了个单人间，准备安安稳稳睡上一觉。不料一来紧张，二来床生，或许还着了点凉，她辗转反侧，迟迟不能成眠。而心里越着急，就越发难以入睡，恶性循环至凌晨，才迷迷糊糊打了个盹。等到清早起来，脑子昏昏沉沉。看着镜子里浮肿的眼泡，苍白的嘴唇，她几乎要哭出来，这半年多的努力，就这般付诸流水了吗？

她硬撑着，接连考了两天，耗竭了心力，身体已如强弩之末，再也难以支撑，一出考场就生了重病。先是喉咙发痒，鼻中流涕，吃了些感冒药，非但无效，病情反而加重了。又拖了几天，扁桃体开始肿大，并出现了点点白斑，体温持续走高。

杨略得知了消息，就特意去看望她。

“姐，你身体好些了吗？”

“我还顶得住。”

“考试感觉怎么样？”

“也不知道，反正，就等结果吧。”

杨略坐了一阵，却又不知说什么好，只是宽慰了几句，就回学校了。外面已在下雪，细细碎碎的，刚落到地，就融化了，路上显得潮湿又脏乱。杨略骑得快，雪泥从后轮甩上来，后背上落了不少泥点。

好不容易挨到3月5日，从零点开始，杨伊雪不眠不休，裹着被子，也不知输入了多少次准考证号，终于跳出来一个成绩。

“杨伊雪，总分367分。”

她的心脏跳得几乎要撞断肋骨了。因为文科复试分数是350分。她足足超了17分！再看单科成绩，也全都过关。她唯恐看错了，就查了一遍又一遍，每个字都读了许多次，几乎刻进她的眼睛里，这才相信了。

事情成了！就这么成了！梦想就在眼前，让所有粗糙乏味的过去，都烟消云散吧！

随后就是面试。她的笔试成绩排第九，面试成绩排第六，综合起来，分数排在第八，恰好在录取范围内。一块石头落了地！她正在庆幸，但过几天去看录取榜时，发现她的名字名列其中，只是旁边有一个括号，括号里的两个字令她眼前一黑。

“杨伊雪（自费）。”

自费意味着她每年要交一万多的学费，每月的生活补贴也全然泡汤。而如今她的存款已经耗尽，短时间又到哪里去筹集学费和生活费呢？

“难道我真的没这个命吗？”

杨伊雪捂上了脸。

爸爸毕竟关心女儿，知道她在复试，就抛弃了前嫌，傍晚时分打电话过来。

“小雪，成绩怎么样？”

她低低地说：“考上了……”

“哈哈哈！”爸爸的笑声震得她耳朵里嗡嗡直响，“小雪真有本事！我们家也出了个研究生了！咱们得庆祝一下，好好吃个饭。”

“爸，算了吧……”

“哪能算了呢？你考上名牌学校，我脸上也有光啊！就这么定了！我六点过来，到了给你电话！”

爸爸满心欢悦地挂了电话，热热闹闹的大嗓门一时歇了，杨伊雪忽然觉得四周那么安静。浩瀚无垠的天空，像一个巨大的灰蓝盖子，无声无息地罩下来。

等天色暗下来，杨伊雪就近找了家饭店，等了一会儿，就见爸爸大步流星地走进来，依旧是红光满面，手里拎两个纸盒，在桌上一搁，自己倒了杯茶，咕噜噜喝下去，一抹嘴巴，这才开始说话：“小的是燕窝，大的是紫砂锅。这半年你辛苦了，回去炖点燕窝，好好补一补！”

杨伊雪知道，单是一盒燕窝，估计就要千把块钱。看着爸爸兴致勃勃，心里越发黯然。爸爸纵然粗心，也瞧出了她情绪不佳。

“小雪，你都考上了，还不高兴吗？”

“我身体不太舒服。”

“哦，也难怪，”爸爸释然了，“这些天是够累的。没事，歇两天就缓过来了！”

爸爸点了一桌的山山水水，又要了瓶绍兴黄酒，就着鱼肉菜蔬，喝酒如喝水一般，又执意给伊雪倒上一杯。她推辞不掉，也只得喝了几口。她是完全没酒量的，加上空腹，才喝了半杯，就觉得酒气直冲脑门，身体虚浮浮的，必须聚起全部神经，才能听清爸爸的说话：“……等你毕业，考个公务员，威威武武一回老家，哪个敢不巴结，哈哈……”

杨伊雪不曾想到，爸爸对她读研寄予了极其美好的希望。

“我这个研究生，读不成了。”

爸爸一下子有些惊醒了，口齿不清地嚷道：“为什么？”

“……没那个命。”

“你不是考上了吗？！”

杨伊雪也不回答，只是趴在桌子上，肩膀因抽泣而不停颤抖。

“小雪，到底怎么了？说啊！”

杨伊雪抬起沉重的头，头发凌乱不堪，眼睛茫然地看着桌子。

“爸爸，我只考了个自费生。”

“自费生？”爸爸一脸愕然，“那还是研究生吗？”

杨伊雪点点头。

“是？那你还愁什么？”

“可自费生就得交学费，还没生活补贴。我算了笔账，读上三年书，学费加生活费，没个七八万根本就不够。我的存款差不多都用完了。”

爸爸恍然大悟，呆呆地坐着。

“……七八万，这倒是笔大钱。问你哥哥要，不太合适。这样，小雪，你安心去读，钱我来想办法！”

杨伊雪惊讶地看着爸爸，发现他的头发更白了，也稀疏了。唉，65 岁的人了。城里人到了这个年纪，早就退了休，领着养老金，逗逗孙子，养养花草，清闲地安度晚年。做儿女的，不但不能赡养他，倒还用他的钱，做啃老族，于心何忍呢?

“算了，爸爸，不读就不读吧，没那个命，就不强求了。”

爸爸没有理会，只是一边盘算，一边说下去:“到杭州这两年，我存下了两万,反正也花不完,都先给你。你省着点花,够读个一年书了。等到明年，我又能攒够一年学费了。”

“你得留着钱养老啊。”

“看看我这身体，结实得很，像需要养老的样子吗?我还能干上个十几二十年呢!”

杨伊雪执拗地摇头。

“小雪,”爸爸说得大动感情，“女儿想读书，当爸爸的出钱，不是天经地义吗?你也别觉得不好意思，你只要学出名堂来，不就什么都有了?到那时候，我就什么也不干了，踏踏实实地歇着，享你的福……”

杨伊雪渐渐地被说动了心，觉得这倒也是个办法，反正爸爸身体不错，存款暂时也不花。她先借钱去读书，总胜过向银行贷款吧。等工作以后加倍奉还，好好孝敬他老人家，一切就都妥当了。

在开学前的日子里，杨伊雪本打算去打工，但一时半会儿也找不到合适的工作,转念一想,与其整天去碰运气,倒不如多读点书来得实惠。这一天，她在房间里读陶渊明，正觉得浑身舒泰，忽然接到杨克文的电话。

“小雪，爸爸出事了，你赶紧过来!”

“啊!”杨伊雪听出哥哥语气冷峻，腾地站起来，“爸爸怎么了?”

“被砸伤了!”克文咆哮起来，“还不是因为你——哼，别废话了!赶紧到绿晟医院!”

“因为我?”杨伊雪心脏突突地跳，疾疾地跑下了楼，打了车，慌乱地来到医院。

一到急症病房，她就看见爸爸正躺在床上昏睡，头被厚厚地包裹着，穿着蓝条病服，脸色苍白得可怕，手背上插了针头。杨克文站在一旁，见了她也不言语。

“哥，爸怎么了？”

“出来说！”

二人走到门口，杨克文冷着脸，说起了前因后果。

原来，他们的爸爸根本没存款，为了筹集那两万块钱，向老板借了一万五。为了尽早还上，他除了看仓库，还得做装卸工，没日没夜地干。今天一大早就去干活，结果货架倒了，他就被砸伤了头……

杨克文说到这里，越发痛心疾首了。

“老人家辛辛苦苦存的一点钱，你能去动用吗？！你呀你呀，实在是太自私了，什么时候都只考虑自己。”

杨伊雪听着哥哥的话，只觉得脑子里起了一股龙旋风，将她撕裂了。她呆呆地站着，像一截枯木头，絮絮叨叨地说：“这研究生我不读了……不读了……我错了，真的错了，所有的事都做错了……我真的不该这么任性……”

杨克文只是看着天空，强忍着眼泪，语气越发冷淡了。

“事情到了这一步，说什么也晚了。但愿爸能扛过来吧……”

杨伊雪看到了一点希望，死死地盯着哥哥。

“对，一定要把爸爸救来。手术需要多少钱？我，我不上学了，我去工作，去卖血……”

但爸爸一直昏迷不醒，两天后就去世了。

遗体火化后送回老家，葬礼按乡俗进行。先是四处报丧，族人前来入殓，当晚孝子贤孙披麻戴孝，在简陋的祠堂里守灵，次日就是入土的日子。

杨略和爸爸妈妈匆匆赶去。妈妈开车，杨略陪着爸爸坐在后座，一路上，都在为一件事情担忧。

“爸，我最不会安慰人了。面对伊雪姐，我该怎么说呢？说别难过，说节哀顺变，多么虚飘飘啊。我怎么安慰她呢？”

“你先倾听吧。”

“这么简单？”

“你认为倾听很简单？”

“当然，只要听就行了呀。”

爸爸却摇了摇头。

“没那么简单，说实在的，世上优秀的倾听者，其实少之又少。”

“那怎么才叫倾听呢？”

于是，沟通力训练的第九课，就在车上开始了。这倒有些出乎父子俩的意料。幸好，车程很长，有三四个小时，足够爸爸把话题讲得清晰了。

第八课　倾听的力量

今天我们来谈倾听。那么，倾听到底是什么呢？

为了解释这个问题，我们得先从反面来看，哪些倾听是无效的。

一、六种无效倾听

（一）否定感受：“别难过了……”

小孩摔倒了，膝盖擦伤，坐在地上哭。

爸爸会说：“男子汉不怕痛，站起来。”

或者说：“根本就不痛嘛，这么大了还哭，羞不羞？”

小孩走在小区里，偶尔有狗蹿出来。

“我好害怕。”小孩说。

妈妈说：“有什么好怕的？没事。狗又不会咬你。”

爸爸妈妈的目的是要安抚孩子，但实际上，他们却是在说：“我知道你的感受，你说的怕啊，痛啊，都是假的。实际上你根本不怕，也不痛。”小孩觉得，你根本没有倾听，不理解他，所以沟通失败。又或者，他们相信爸妈，于是失去了表达自己真实感受的勇气。

甲：“我又没赶上火车，真懊恼，我就是个糊涂蛋。”

乙：“这又没什么，不值得你那么难过。”

甲：“他离开我，我觉得生活没意义了。”

乙：“会好起来的，没必要这么伤心。”

这两个例子里，虽然乙的目的是消除对方心中的负面情绪，换一个感觉，不要再自怨自艾。但这样的建议几乎是没有帮助的，毕竟甲不会因此而不难过，不沮丧。

（二）否定重要性："屁大点事，至于吗？"

前段时间，你们学校的一位大二学生跳楼了。据说是恋爱失败，于是跳了楼。由于被拍下了现场视频，所以在互联网上疯传。我看了一下网友的评论，除了讥嘲、怜悯，就是淡化事实："就这么点破事，就值得跳楼？"其实，经历过爱情磨难的人都知道，对于青少年来说，再没有比感情受挫更难过的了。

所以，如果我们假设一下，当那位男生跳楼前夕，心里郁闷，找了朋友，说自己的遭遇，最后说："我真觉得活着没意思，干脆跳楼算了。"

A："你傻啊，就这事，也值得跳楼？"

"关你屁事。"

受辱，跳下。

B："天底下姑娘多的是，何必一棵树上吊死。"

"我只爱她一个。"

深情，跳下。

C："哥们，不就是失恋嘛。十年以后，你甚至都记不住她的名字。"

"不就是失恋？你倒是试试看！"

愤怒，跳下。

所以，这些宽解，貌似淡化事情严重性，其实都是把当事人推远了，这对于沟通是很不利的。

（三）评断："我早就告诉过你……"

在我小时候，我爸是个不安分的人，经常会干点新营生，比如养蜂啊，种茭白啊，开砖窑啊，但因为没经验，运气又不太好，所以往往以失败告终，把田里的活儿也荒废了，就十分沮丧，坐在家里，和我妈妈商量。

"看来这也不是个办法，你看，咱明年是接着干，还是换个营生？"

而我妈妈呢，也一脸愁容地坐在一旁，纳着鞋底，语气却是严厉的。

"我老早就跟你讲过，叫你别干别干你还干，瞧瞧，坏事了吧？"

每到这时，我爸就会怒火中烧，恼羞成怒，或者反唇相讥，或者拍桌摔碗，让我十分害怕。

其实我现在非常能理解我爸的处境，做事失败，他很痛苦，正需要老婆关心支持时，却被老婆划清了界限，不再是同一阵营：“都怪你当初不听我的，现在事情弄糟了，可全都是你的错。”这无疑是火上浇油，让爸爸既泄气，又屈辱，还觉得孤独。

（四）心不在焉：“呵呵……是啊……”

乔·吉拉德（Joe Girard）是世界上最伟大的销售员，连续十二年荣登世界吉斯尼纪录大全世界销售第一的宝座，他连续十二年平均每天销售六辆车，这项纪录至今无人能破。但他年轻时，也曾经失败过。

在一次推销中，乔·吉拉德与客户洽谈顺利，正当马上就要签约成交时，对方却突然变了卦。当天晚上，按照客户留下的地址，乔·吉拉德找上门去求教。客户见他满脸真诚，就实话实说：“你的失败是由于你没有自始至终听我讲的话。就在我准备签约前，我提到我的独生子即将上大学，而且还提到他的运动成绩和他将来的抱负。我是以他为荣的，但是你当时却没有任何反应，而且还转过头去用手机和别人通电话，我一恼就改变主意了！”

此一番话重重提醒了乔·吉拉德，使他领悟到“听”的重要性，让他认识到如果不能自始至终倾听对方讲话的内容，认同客户的心理感受，难免会失去自己的客户。

当然，还有些人明明心不在焉，表面上却很专注。他们看着你的眼睛，点头，在正确的时间微笑，还会不时地回应，但在兴趣盎然的外表下，他们却想着完全无关的事情。这样的倾听也是无效的。

（五）好为人师：“你应该……”

王朔在小说《顽主》中，塑造了一位人物赵尧舜，他风度翩翩、儒雅温和，与年轻人交谈，不自觉地以教育者的身份居高临下，批评、教育、指点人生迷津。来看电影《顽主》中的片段：

一出场，赵尧舜吐着烟，说着话，表示对青年人无比了解：

今天的年轻人和我们年轻那时候大不一样，很多心态、想法需要重新认识。我不认为现在的年轻人难理解，关键是你想不想去理解他们。我有很多年轻朋友，我跟他们很谈得来，他们的苦闷、彷徨我非常之理解，非常之同情。

然而，他从未好好听青年人说话，又哪来的真正了解？于是电影里就有了这样的片段：

赵尧舜："这不合逻辑，你们干吗不痛苦？应该痛苦，痛苦才有救呢。"

马青："那我告诉你，我们不痛苦。"

赵尧舜："那只能让我感到可悲，那只能说明你们麻木不仁到了何等程度。这不是诞生而是沉沦！你们应该哭你们自己。"

这一通自以为是的说教，认为自己是人生导师，别人不按照他以为的道路走就是可悲，就是麻木不仁，就是沉沦，就应该哭自己。当我们遇到这样的好为人师者，等不及真诚耐心地倾听我们的说话，就跳出来指指点点，满嘴大而无当的人生道理，心灵鸡汤式的人生哲学，我们的内心里真是十分讨厌的。

（六）自恋："我也遇到过……"

"我这次数学没考好，才 92 分，唉，离高考不到一百天了……"

"你数学 92？你没看到我的物理吗？还没及格呢。"

于是，倾诉变成了"赛苦会"。

"我女朋友昨天和我提分手了。前两天还好好的，怎么说分就要分了呢？"

"兄弟啊，这事儿哥哥我也遇到过啊。三年前，也是这样的大雪天……"

于是，你就听了一下午的血泪史。

自恋的沟通者，无论听别人倾诉什么，都会把话题引到自己身上来。和这样的人沟通，我们总觉得有话说不完，十分憋屈。

此外，自恋的沟通者还经常会打断别人。比如你在讲笑话："老师上课，叫小明起来回答问题。小明不会，站着一声不吭。老师生气了：‘你倒是吱一声！’小明说……”

听众中忽然有一位抢答：“吱！”并且笑得前仰后合，让你尴尬在那儿，就好像千辛万苦追求一位美女终于定情并进了结婚礼堂，结果入洞房的却不是你。这的确也是让人讨厌的。

二、做个优秀的听众——日常情况下的倾听

“杨老师，听说你前几天去泰国了？”朋友间小聚会，我一落座，富态的罗太太就问我。

“是啊，去了泰国的甲米，是在海边的。”

“那儿怎么样？”

“海很蓝，空气很干净……”

“对啊对啊，我前几天刚去了马尔代夫，那里真是海天一色啊，蓝得都醉人呢。我们就在海滩上一躺，喝着椰汁，吹着海风，有兴致了就下海潜水。哈哈，潜水真是太有意思了。身边那么多鱼游来游去，黄的、蓝的、条纹的……你在甲米下过水没？”

“我下去过，确实有很多鱼……”

“说到鱼，我们在马尔代夫吃得也不错啊，都是新鲜的海鱼，那种滋味……”

她絮絮叨叨地说下去，从马尔代夫的海，说到斯里兰卡。从斯里兰卡的干净，忽然说到尼泊尔的寺庙……再也没有向我打听泰国的事情，而是不断地诉说她多年的旅游见闻。

而我呢，在一旁微笑，不时点头，偶尔插入一句：“你肯定知道尼泊尔人的幸福指数是最高的。”

她立即就说：“就是，国家虽然小，但都是虔诚的佛教徒，脸上都是平静的微笑。那里的寺庙也漂亮，风格和雅典的神庙很不相同。我前年去的雅典，那里的卫城上，就是巴特农神庙，柱子那么高大……”

我对神庙挺了解的，但并没有马上卖弄，而是将话题引向细节。

“对啊，里面本来有雅典娜像……”

"是的，我还看到了复原图，真是壮观啊……说到壮观，还得说埃菲尔铁塔……"

她就这样拉拉杂杂地说了四五十分钟，分别时，她红光满面："杨先生，和你聊天真是太有意思了。"

"我也是，收获很多。"

"下次再来听你的旅行见闻。"

"好的，一定。"

其实，你也能看出来，罗太太并不是想听我的见闻，而是要一个对她的游历感兴趣的听众。她滔滔不绝地讲述，并得以自我陶醉。其实，大部分人都和她一样自恋，最喜欢谈的就是自己，而且，都喜欢别人同意自己。当我们遇到这样的情况，就做个优秀的聆听者吧。这时，我们需要掌握一些倾听的技巧。

1. 少说话，注意力集中。

古希腊哲学家芝诺说："我们生有两只耳朵，却只有一只嘴巴，就是为了让我们多听少说。"当然，少说话，并不是沉默，而是积极地回应。我们应该凝视着对方，细心聆听，并思索他所说的话，偶尔给出反馈，点头或者微笑就可以表示赞同正在说的内容，表明你与说话人意见相合。专注于对方的说话，就是对他最好的恭维。

2. 不要过早评断。

在沟通中，要先放低姿态，应该在确定知道别人完整的意见后再做出反应，别人停下来并不表示他们已经说完想说的话。让人把话说完整并且不插话，这表明你很看重沟通的内容。如果别人还没说完，就做出评判，就是对别人的不尊重。

3. 寻找关键意思。

的确有不少人夸夸其谈，说话踩着西瓜皮，说到哪儿算哪儿，抓不住重点。这时，我们要利用自己的思考，去捕捉对方的主要信息，并予以反馈，用复诵、释义的方式，总结对方所讲过的内容，以确认自己所理解的意思和对方一致，如：

"您刚才所讲的意思是不是指……"

“我不知道我听得对不对，您的意思是……”

这样我们可以收获许多对方的信息，同时也让对方感觉到受到了尊重。这样的沟通，很容易产生乒乓效应，一方畅谈见解，另一方提出相似的见解予以回应，结果越谈越投机，谈出了志同道合。

三、祥林嫂是谁害死的——对不幸者的倾听

亚当·斯密说：“当一个不幸的人找到一个可以让他倾诉自己痛苦的人时，他一定会感到无比的宽慰。”

看到这句话，我就想到了祥林嫂，这个天底下最可怜、最需要安慰的人，在喜庆的祝福之夜里，孤独地死去了。

那她到底是谁害死的呢？

是鲁四老爷？或许吧，一个地主老爷，觉得寡妇不吉利，所以并不给她好脸色。可是小说里写道，祥林嫂在鲁四老爷家忙碌而满足，口角边有了笑影，脸上也白胖了。

是祥林嫂的婆婆吗？她为了给小儿子娶妻，就把祥林嫂卖进了山里，应该是罪魁祸首了。可是，祥林嫂再婚以后，男人有力气，会做活，房子是自家的，还没有婆婆，很快又有了儿子阿毛，日子真是富足有盼头呢。

那么到底是谁害死了她？许多人说，大概是命运吧。你看，两任丈夫都病死了，阿毛也被狼叼走，日子真是让人绝望。但《活着》里的福贵，全家都死绝了，不也坚韧地活着？

其实，祥林嫂是被孤独和悲伤压倒的。在当时的文化背景下，她的遭遇无人倾听，悲伤无人安慰，得到的只有冷漠和落井下石。

祥林嫂第二次来到鲁镇，絮絮叨叨地说着自己的遭遇，尤其是儿子阿毛被狼叼走一事，真是人间惨剧，石佛都要垂泪的。而对于她的不幸，鲁镇的人又是怎样的反应呢？

鲁四老爷“虽然照例皱过眉”，但也接受了。鲁四婶听了，“眼圈就有些红了”，让她留下来做工。街上的其他人听了，男人们无趣地走开，女人们陪出许多眼泪来，有些老女人特意寻来，要听她的故事，“流点泪，叹息一番，满足的去了”。

好一个“满足的去了”！

他们都只是看客，将祥林嫂的悲惨遭遇当作节目，给枯燥的生活添一点娱乐。当这个节目重复多遍，没了趣味，大家便开始策划出新的节目。

节目一：拿祥林嫂的伤疤开桃色玩笑。

柳妈说：“我不信你这么大的力气，真会拗他不过。你后来一定是自己肯了，倒推说他力气大。”这让祥林嫂十分局促尴尬。别人听了，也都纷纷效仿，争先来嘲笑她。

节目二：说祥林嫂将来在阴司的遭遇。

柳妈说：“你将来去阴司，那两个死鬼的男人还要争，你给了谁好呢？阎罗大王只好把你锯开来，分给他们。”

这让祥林嫂万分恐惧，精神垮了，灵魂被残害了，变成木偶人，再不会做工，于是被辞退，沦为乞丐，并死在寒夜里了。

我时常在想，如果祥林嫂能得到一个很好的倾听者，即便命运多舛，是不是也能坚强地活下去呢？

尝试一下，你会怎样安慰她？

第一步，倾听达到共情。

我们之前讲过“同理心”，它与“共情”是同一个意思。我们来看以下几个选项，哪一项符合“共情”的要求。

祥林嫂（抬起她没有神采的眼睛来）：“我真傻，真的，我单知道下雪的时候野兽在山坳里没有食吃，会到村里来……”（絮絮叨叨说起阿毛遇难经过，哽咽，说不出成句的话来）

这时，你会怎么说？

A：“（一拍祥林嫂的肩膀，语气铿锵）祥林嫂，你想开点吧！你还活着，还有希望，老是抱怨有什么用？人要往前看！（面露微笑，右手向前伸展，做遥望状）”

B：“（慈眉善目，一副洞察世事的样子）祥林嫂，虽然你现在受了好多苦，但老天爷是公平的，大难过后，必有后福啊，对不对？一切都会好起来的。”

C：“（语气粗豪）祥林嫂，别难过了。山里头这样的事儿还少吗？我比你还惨呢，仨孩子都死了，可你瞧瞧我（拍着自己的胸膛），现在不照样活得精精神神的？”

D:“（面容沧桑，凄苦地看着祥林嫂）大妹子，你心里头的苦，我都明白啊。咱们这些人哪，就是受苦的命，唉，谁也逃不了（摇头作苦楚状）。”

E:“（专注地看着祥林嫂，轻轻握住她的手）祥林嫂，这事儿发生得太突然，孩子是你唯一的指望，现在你失去了他，一下子没法接受，心里也特别难受吧？”

如果你是祥林嫂，你觉得谁的话，最让你贴心，最有倾诉的欲望？

A. 指向未来，否定了她这一刻所遭受的一切不幸，并迫切地做出指导，忽视了她这一刻的体验。

B. 指向未来，做出无意义的承诺，将希望寄托在虚渺的人物上。

C. 将关注点转向了自己，想当然地以为“既然我可以，你也可以”。

D. 将关注点转向了自己，抹杀了她的独特性。

只有E，完全指向了悲伤的祥林嫂，指向了她此时此刻的内心体验，且没有从自我的角度出发去做出任何指导，也没有下任何轻率的评判。心理学家卡尔·罗杰斯认为：“爱是深深的理解与接受。”通过倾听，体验祥林嫂的内心，如同体验自己的内心。

第二步，引导哭泣，如果可能，那就拥抱。

当基本的共情已经达成，你可以注视着祥林嫂，对她说：“太难受的话，就哭出来吧。没关系的，我会陪着你。”哭泣可以让她的情绪得到宣泄，得到心灵的宽舒。如果可能，给她一个拥抱，就更能传递出热度与温情。

第三步，梳理问题。

当祥林嫂的悲伤减弱，可以帮她梳理问题，并用问句来引导她回答，但别指望代替她去做出选择。毕竟每个人都是自己生活的专家，没有人比她本人更了解自己。在这样的时候，A、B、C、D 四种方法，都会起到一定的作用。

所以，倾听是最为重要的。很多时候，倾听本身就是对悲伤者的极大抚慰。著名心理学家卡尔·罗杰斯这样写道：“如果有人倾听你，不对你评头论足，不替你担惊受怕，也不想改变你，这多美好啊……每当我得到人们的倾听和理解，我就可以用新的眼光看世界，并继续前进……这真神奇啊！一旦有人倾听，看起来无法解决的问题就有了解决办法，千头万绪的思路也会变得清晰起来。”

祥林嫂最需要的就是这样的倾听。

四、对批评指责的倾听

在尼日利亚，有两个部落时常有冲突。械斗之中，自然各有死伤，于是积怨日深，结为世仇，每年都有上百人死于争斗。

世界维和组织派卢森堡去调停两个部落的矛盾。他接下这个棘手的活儿，花费了许多力气，才将双方酋长请来谈判。

会谈开始了，两个酋长一个满脸虬须，一个脸上有刀疤，怒目相对，双方手下都是摩拳擦掌，要是没有卢森堡在中间，他们似乎马上就要干起来了。

卢森堡对双方说：“我们今天会谈的主题，就是弄清楚，你们双方各自的真正需要是什么？”

虬须酋长说：“他们都是杀人犯（指责），和他们有啥好说的？！”

刀疤酋长不甘示弱：“你们都是强盗（指责），有什么道理可讲？”

眼看气氛不对了，卢森堡赶紧问虬须酋长：“你说他们是杀人犯，是不是想要安全（需要），你希望以后不论发生什么，都可以不用暴力，而是用其他方法来解决呢？”

“他杀了我儿子！（指责）”虬须酋长忽然大喊一声。

“我弟弟不也死在你手上？（指责）”刀疤酋长也翻开了旧账。

卢森堡又费力地解释了很久，虬须酋长终于承认，自己和整个部落最想要的是安全（需要）。

“要是能有办法解决，傻瓜才动刀子呢！”

卢森堡又转向刀疤酋长：“你说他们是强盗，你是不是觉得他们做事不公平？”

刀疤酋长说：“当然，我们要公平（需要）。水啊，农田啊，还有外国支援的物品，都要分配合理！”

双方的态度逐渐平静了，经过商量达成了共识，签订了合约。从那天开始，部落间战争结束了。

事后，一位酋长说："如果我们早知道能这样沟通，就不用互相残杀了。"甚至，两个部落里都有人想要向卢森堡学习这种非暴力沟通的办法。

从这个案例中可以看出，批评和指责的背后，是没有满足的需要，需要我们用心倾听。仇敌都可以通过正视"需要"而化解仇怨，更何况我们的同学、朋友，甚至恋人呢？

卢森堡说："当我们专注于他人的感受和需要，所有的批评、攻击、辱骂或嘲讽就会消失。我们越是这样做，就越能体会到一个简单的事实：有时，我们认为自己受到了指责，实际上，那些话是他人表达需要和请求的方式。"

那么，具体该怎么做呢？从尼日利亚的案例中，我们可以知道其步骤：

第一步，听到指责保持冷静，不要马上反唇相讥。

第二步，专注于他人的感受和需要。

第三步，说出对方的需要，达到心灵的共鸣。

第四步，把对话的重点，转向共同解决问题。

再举一些例子吧。

针锋相对：

女："你从来不好好听我说话！"

男："我怎么没听？"

女："你就是没有！"

换成倾听：

女："你从来不好好听我说话！"

男："听起来你很失望。你需要倾听和理解，是吗？"

针锋相对：

女："你太自私了！"

男："你才自私呢！"

换成倾听：

女："你太自私了！"

甲："听起来你很失望。你需要我尊重你，对吗？"

针锋相对：

教学区里，你骑着车去教学楼上课。

保安气喘吁吁地追上来，大声喊："你聋了吗？这儿不准骑车！"估计他已经喊了好几声，你没听见，所以他发火了。

你怒从心起："凭什么不准骑车！"你觉得大庭广众之下被怒喝，十分没面子。况且，校园这么大，为啥不能骑车？学校的制度很不合理嘛。

保安："你看到有人骑车了吗？"

你："哪儿规定不准骑车了？"你的确没有看到"禁止骑车"的标识牌。

保安："你不服啊？走，去保安室！"

你："去什么去！你有病啊！"

保安："你再说一遍！"

一场纠纷上演。

换成倾听：

保安远远地大喊："你聋了吗？这儿不准骑车！"

你心头怒起，觉得面子受损，但转念一想，学校里不准骑车，的确不合理，但保安只是服从，他需要尽职，以保住这份工作。和他较劲，根本没用。

"我没看见指示牌，得，我去把车停好。请问停车场在哪儿？"

"就在那儿……"

保安一指方向，纠纷消于无形。

你临走时，说："我觉得校园这么大，应该可以骑车。"

保安说："学校就这么规定，我也没办法。"

你："行，有机会，您去反映反映，这可是咱学生的心声啊。"

保安觉得受了重视，很高兴："好嘞，你走好啊。"

你到了教室，就开始给校长信箱写信，反映这个情况。

所以，倾听有时就像太极拳一样，能以柔克刚。年轻气盛的青年朋友，在面对很多事情时，都会选择硬碰硬的方式去解决。其实，用倾听这种温和的方式解决问题，才是智慧与成熟的表现。

说到这里，杨略三人已到了老家。从国道拐入一条村道，缘着山脚，行了约莫五分钟，就到了村口。他们家族有一套两进的大房子，据说建于晚清，中间厅堂设为灵堂。白色的灵幡之后，便是一具棺木，孝子贤孙们就坐在两侧。

才一个月不见，杨伊雪几乎像换了个人，原先的清秀白净，现在变成了蜡黄干瘦，长发也剪了，剩下一头乱蓬蓬的短发，穿着麻衣麻帽，坐在棺木旁边，眼神木木的。有人来吊唁，跪拜上香时，孝子贤孙要痛哭并上前回拜的，然而伊雪并不哭，也不跪拜，就这么愣愣地看着棺木上的一颗钉子。所有的迎来送往，都是她哥哥杨克文完成的。

"不好，这样怕是会出心理问题。"爸爸对杨略轻声地说。

"那怎么办呢？"

"得找机会劝劝她。"

大约十一点钟，吉时已到。天色有些阴沉，没有一丝风。两个村民敲响铜锣，哐哐哐三声，继而又是三声，静穆的天地，忽然被震得悲伤起来。杨克文身穿麻服，腰缠麻绳，拄一条竹棍，作为孝子走在前面，一路掩面痛哭。在他身后，八个村民抬了棺木。其余人头戴白帽跟随。一路纸钱飞扬，鞭炮声和哭声齐鸣。只有伊雪没有哭，似乎被众人推着往前走。

终于到了掘好的墓地，棺木被安置进去，由专人填土，安置墓碑。众人先回来了，到了伊雪家里，大家围坐在一起，有几个家族里的长辈就发话了。

"克文、伊雪，你们兄妹命苦，妈妈死得早，现在爸爸也过世了，以后你们就要相互照应……"

"伊雪，你别太难过了，你爸妈也希望你快快乐乐的。"

"伊雪……"

伊雪并不答话，只是坐在那儿，默默点头。杨略刚学过倾听的艺术，知道这些话只是浮光掠影，并不能给伊雪多少安慰。

“姐……”

杨略想说点什么，但他的声音，很快就被其他人的声音淹没了。

很快就吃午饭了，大伙都上了酒席。在农村里，丧事和喜事是一样的，都有大厨掌勺，摆开十几桌酒席，街坊亲友聚在一起，大块吃肉，大口喝酒，悲戚之气荡然无存，四处都是生者的喜悦。

伊雪当然看不惯，她略吃了一点，就离席了。杨略跟了上去。

“姐，你怎么样？”

“没事，我累了，去房间里睡一会儿。”

伊雪踩着木楼梯，上到了二楼。此时天阴阴的，已飘起了雨丝。被山林一映衬，雨丝也是墨绿色的了。

杨略千言万语，也都没法说了，只好回到酒席上。长辈们还在高谈阔论，可他没有听，只是拿出手机，想给伊雪发一条微信，却发现伊雪的微信朋友圈里有一条信息。

我知道，这是惩罚。

我站起身，仓皇地逃离了明亮的灯光，钻进外面的黑暗。这里空旷无边，寒冷，但很安全。我哆嗦得像一枚寒叶，心里却出奇地清醒，像躺在手术台上，清晰地听到手术刀划开皮肤，然后深入，再深入。刺眼的无影灯下，医生用刀柄点点肺叶，一刀剖开，心脏暴露在灯光下，突突地跳，筋脉分明。我觉得气闷，再说不出话。

我知道这是彻底的伤悲，是从内而外的怀疑、否定、反叛。良知揭竿而起，坐上公堂，要清算一切罪孽。此时，无人可以倾诉，无法自怨自艾。因为后两者，都是叹息怀才不遇，或所托非人，虽遇旷野寒风，却拥着火炉。

而我，不配。

杨略读了，几乎有点冒冷汗。这应该是伯父刚过世时，伊雪写下来的文字。如此阴森、决然、自我归罪，说明伊雪承受着怎样的压力。他精心编辑了一条信息，发了过去。

“姐，伯父的去世，你觉得是自己的责任，所以非常内疚，非常痛苦，对吗？”

过了好久，伊雪才回了一条微信。说是回复，却完全是自说自话。

“我走在路上，虽然是春天，却在落叶。那蜡黄、焦脆的叶子，落在各处，随风滚动，一张张都是爸爸的遗容，虽不动声色，但我分明听到了一种声音，既如闷雷，又如裂帛，将我的神经生生地撕裂。”

杨略有点害怕起来：伊雪的精神不正常了吗？还是文艺女青年好可怕？他赶紧把手机拿给爸爸看。爸爸思考了一会儿，回复了一条。

“你现在觉得很后悔，是吗？”

又过了好久，伊雪发了一条没头没脑的信息。

“十几年前，妈妈的葬礼也是这样的，大家哭一场，然后大吃大喝。我痛哭之余，还说过一句话：‘妈妈的葬礼也只能这样……’或许我和妈妈一样，向来自命不凡，就算葬礼，也不能这样俗气、草率，而应更加体面些，庄重些，灵堂里充满菊花和百合。可是，若干年过去，我没有‘不凡’起来，连自己的命运也无法掌握，更不要说改变什么风俗。如今，最关心的人也去了，只剩下我一个，活在茫茫天地之间，像一粒微尘，那么弱小、卑微、无足轻重。”

文字是凄美的，但杨略有些纳闷了。

“爸，她都在说什么呀？牛头不对马嘴的。”

“没事，她只要愿意说，我们就听。”

于是，爸爸又发了一条。

“现在，你是不是觉得很孤独、很无助呢？”

“世上之人，谁又不孤独、不无助呢？”

爸爸说：“她终于直接回应了，这就是好现象。”他又发了一条：“为什么你觉得孤独，那么多亲人围绕在你身边，关心着你呢。你是觉得他们没法理解你，对吗？”

“其实……他们是关心我的。他们都让我节哀，让我别太难过。我点着头，可心里却更加痛苦。他们不知道，我是个罪人，应该受到惩罚……”

“听起来，你很自责。你希望当时没有要爸爸的钱，这样他也不用去拼命干活，对吗？”

“他年纪那么大了，我不去自己挣钱，反而要他帮忙……一想起他在搬货物的样子，我的心就好痛……”

“你觉得特别对不起他，对吗？”

“嗯，我现在特别特别后悔……”

“如果你想哭，就哭出来吧。没关系，我们都是你的亲人。”

杨伊雪没有再发消息来，又过了一会儿，杨略就听到楼上发出哭声，起初是轻微的抽泣，继而声音转响，像是洪水决堤，席卷而来。酒席上的亲友们都有些吃惊，有些人怕出事，想冲上楼去。

杨略爸爸阻止了他们。

“让她哭出来，哭出来就会好了。”

亲友们听了，也纷纷点头。

“不哭出来，憋在心里，会憋出病的。”

伊雪尽情地哭了大约半小时，哭声渐止。爸爸拍了拍杨略的肩膀。

“略略，你和伊雪关系好，现在上楼去，和她好好聊聊吧。”

“聊什么呢？我有点怕……”

“怕什么？”

“怕她太脆弱。”

“哭出来了，就没事了，你和她谈谈接下来怎么办？”

“谈什么呢？”

“谈她内心的需要啊。她依然向往着读研，那就好好读，不读，就对不起她爸爸啊。至于学费，我们帮她解决。”

杨略走上楼去了，木楼梯咯吱咯吱作响，到了房门口，他敲了敲门。

“姐，我能进来吗？”

“进来吧。”

伊雪坐在窗边的床上，眼泡哭肿了，但脸色却好了许多，眼神也活络了些。

“坐吧。”

杨略在床上坐下来。小时候，伊雪常带他在床上，讲故事，玩积木，或者什么也不做，就看看窗外的蓝天和远山。那时的情景还清晰在目，却一晃过去了十来年。

“姐，我现在很明白你的感受。不过，事情总要过去，你还得继续读研。”

“读研，算了，不读了。”

“从你的微信里，我能看出你对美学发自内心的热爱。那种爱，不是为了追求什么，而是生命的需要。对于这种热爱，你甘心放弃吗？”

伊雪看着窗外，对面屋瓦上长了一株小草，在雨水里绿得明亮。

“不甘心，又怎样呢？”

“伯父一心一意支持你，你现在可不能让他失望。”

伊雪没有说话。杨略知道，他现在可以从共情，跨越到提出建议了，于是继续说：“我爸会支持你，你也可以拿奖学金。反正，学费、生活费什么的，只要大家帮忙，肯定没有问题啊。”

话题一落到实在的学费层面，伊雪的神智就逐渐清晰了。

“这会给你们添麻烦吧。你爸身体又不太好……”

“放心吧，我们现在写书，也有不少收入。以后，你干脆和我们一起写吧。”

“我能写什么？”

“把美学的高深知识通俗化，最好娓娓道来，写给小孩子读，肯定非常有前景啊。”

“我行吗？”

“我都行，你怎么不行呢？”

伊雪又沉默了，但眼睛里却流露出一些神采。

杨略趁热打铁。

“这不是重点。现在的重点是，你要振作起来。我爸说了，年轻的时候，遇到点磨难，不是坏事，让人暂时停下来，想一想，然后更坚实地往前走。你是我姐，懂的比我多，大道理就不说了。”

伊雪静静地一笑。

“略略，谢谢你。”

杨略看到她的笑容，真觉得灰暗的房间里顿时明亮了。

楼下的亲友们逐渐散了。而雨水没有停，反倒越发大了起来，击打得屋瓦噼啪作响，如鸣筝琴，让人的心灵十分宁静。

伊雪心灵也宁静了。屋檐在滴水，每一滴都听得分明。屋后池塘已经满溢，哗哗注入绕屋的水沟。她仿佛看到流水九曲回肠，远远汇到村外小溪，流过古老的樟槐，往田畈里去了。她知道，春雨缠绵时，小溪里的游鱼将逆流而上，搁浅在上游的水田里，露出银白的肚皮。小时候，她经常去徒手捕鱼。

伊雪的眼前，忽然真切地浮现出一幕又一幕的童年记忆。小时候，每当这个时节，爸爸妈妈都会带她去拔竹笋。满山青翠如烟，在山坡的竹丛里，她看到了地上突起的青色笋尖，包着褐色箨叶，精精神神地立着，让她满心喜悦。

“妈，这儿有一根。”

“好，你拔出来。”

“嗯。”

她脆脆地答应着，用力地拔出来，举得高高的，笑嘻嘻地站着。那时，风好清凉，溪水涓涓流淌，一只白鹭缓缓地拍打翅膀，从明镜般的水田上轻捷地掠过，停在了茭白细长的叶子之间。

她想看看那个场景，就一个人离开老屋，走在乡间小路上。雨后，大片绿色田野，开满金黄的油菜花。山林蓄满了雨水，蒸腾出白色云雾。太阳被云层遮挡，却倾泻下万道金光，落在山林和田野上。渐渐地，云层散开，她也沐浴在灿烂的阳光之中。她被这庄严、明艳的美征服了，觉得自己的忧愁，也如雾气一般蒸发了。